中外文稀有版本文献

《论住宅问题》

⑤

论住宅问题

【德】弗里德里希·恩格斯 ◎ 著
谢唯真 ◎ 校订

中央编译出版社
CCTP Central Compilation & Translation Press

《论住宅问题》的出版与传播

（代序）

作为解析现代化进程中欧洲城市住宅问题产生原因与解决方案的经典文本，恩格斯的《论住宅问题》一直为欧洲左翼哲学家、政治学家、社会学家和政治经济学家津津乐道，这个德文著作被翻译成多种语言的版本并产生持续的影响力。随着《论住宅问题》在中国的出版和传播，马克思主义住宅观念也得到中国学者的深入阐释，并在中国住宅问题呈现的不同时期获得新的时代内容。梳理这些版本的流变，探究各版本编辑和出版的思路，有益于深化我们对该文本历史原貌的理解。

一　《论住宅问题》在欧洲的出版与传播

在欧洲流传的《论住宅问题》主要有四种语言的版本，即德语、俄语、英语和法语。从内容和文章大体的样式看来，这四种语言的版本没有重大改动。德文版源自恩格斯当年修订的版本，同后来俄文版的影响一样大，而英文版和法文版出现得较晚。下面详述之。

1.《论住宅问题》德文版。《论住宅问题》最早是以在德文报纸上发表的形式与读者见面的，它是由恩格斯在 1872—1873 年为莱比锡《人民国家报》撰写的三篇文章——第一篇写于 1872 年 5 月 7—22 日，第二篇写于当年 10 月，第三篇写于当年 12 月——组成的。这三篇文章后来分别由《人民国家报》于 1872 年 12 月—1873 年 3 月间在莱比锡出版了单行本。1887 年 3 月，《论住宅问题》在霍廷根—苏黎世出版了第二版，恩格斯对这一版作了一些修改和补充，并写了一篇序言。① 从1972年6月26日的《人民国家报》来看，报纸最上端的正中间用哥特体写着“Der Volkstat”，内容分成三栏。1872年莱比锡的单行本外皮全黑，里面第一页最上方是标题“Zur Wohnungsfrage”，标题下方是“von Friedrich Engels”，再下一行是“Wie die Bourgeoisie die Wohnungsfrage-löft”，然后是出版信息“Volkstat”和“Leipzig 1872”。这些信息表明：“弗里德里希·恩格斯著”的“论住宅问题”“由人民国家报出版”，即“莱比锡1872年版”。全书共32页，分成三部分，每个部分用拉丁文数字Ⅰ、Ⅱ、Ⅲ分开，分别对应这三篇文章，正文采用哥特体印刷。

除了上述莱比锡1872年版和霍廷根—苏黎世1887年版，还有三种有代表性的德文单行版。按时间顺序来说，第一本是Contumax Gmbh & Co. Kg于2011年1月11日出版的，它的封皮是天蓝色的，右下角有一座白色灯塔，封面从上往下依次印刷着白色的字样——“Friedrich Engels”和“Zur Wohnungsfrage”；该版本为平装，共86页，尺寸为0.5×18.6×24.2厘米，重168克。第二本是Nabu Pres于2012年4月9日出版的，封皮上面三分之二为一座荒废的建筑的插图，下面是白黑绿三块，分别印有“Zur Wohnungsfrage”和“Friedrich Engels”；该版本为平装，共76页，尺寸为0.4×18.6×24.2厘米，重154克。第三本是Tredition Clasics于2012年4月20日出版的，它的封皮是白色的，在右边靠上的部分画有一个工人模样的半身像，紧挨着半身像下印着“PRO-JEKT.GUTENBERG.DE”，封面从上往下依次印刷着黑色的字样——“Friedrich Engels”和“Zur Wohnungsfrage”，该版本为平装，共108页，尺寸为0.6×12.7×19.5厘米，重113克。这三个版本在内容上没有区别，只有细微的排版区别。

除了上述单行本外，还可以在德文版《马克思恩格斯选集》和《马克思恩格斯全集》以及其他相关文本中找到被收录其中的《论住宅

① 《马克思恩格斯文集》第3卷，北京：人民出版社2009年版，第661—662页。

问题》。比如，Internationaler Arbeiter - Verlag 在 1930 年出版的 Elementarbücher des Kommunismus 第 17 卷中就收录了《论住宅问题》，内容有 112 页，编者是 Paul Friedländer。还有的书只收录了《论住宅问题》的一部分，比如，由 VS Verlag für Sozialwisenschaften 在 2007 年出版的，名为 Die Stadt in der Sozialen Arbeit 的书第 16—19 页收录了《论住宅问题》1887 年序言，它的编者是 Detlef Baum。

2.《论住宅问题》俄文版。早在十月革命前的 1892—1893 年，莫斯科的马克思主义小组就翻译了《论住宅问题》。苏联的第一本俄文单行本于 1953 年出版，其后有代表性的单行本有：莫斯科 Проярecc Б. г. 出版社 1978 年版，莫斯科进步出版社 1979 年版，政治文献出版社 1983 年版和 1985 年版，莫斯科 Проярecc Б. г. 出版社 1986 年版和 1988 年版，以及 1990 年由乌兹别克斯坦党史研究院编译出版的《论住宅问题》。2012 年，Либроком 出版社出版了该书俄文最新版。

除了上述单行本外，《论住宅问题》的三篇文章及其第二版序言分别被收录于 1928—1941 年苏联马克思恩格斯研究院出版的《马克思恩格斯全集》俄文第一版（共 28 卷）第 15 卷第 1—81 页和第 16 卷（上）第 274—283 页。1955—1966 年，苏共中央马列主义研究院出版了《马克思恩格斯全集》俄文第二版，共 39 卷（42 册）。《论住宅问题》及其第二版序言分别收录在该版全集第 18 卷第 203—284 页和第 21 卷第 334—344 页。

3.《论住宅问题》英文版。《论住宅问题》的英文标题是“*The Housing Question*”。由 INTERNATIONAL PUBLISHERS 和 SOCIETY OF FOREIGN WORKERS 在纽约联合出版的精装 32 开英文单行本据称是第一个《论住宅问题》英文版。它由 C. P. Dutt 主编，封皮为粉色，由上至下印刷着“The First Time in English”，“THE HOUSING QUESTION”，“Bourgeois housing schemes analyzed; a critique of petty-bourgeois socialism and reformism; the revolutionary solution”，“By Frederick Engels”。在封皮的内侧，编者对恩格斯这本书进行了简单的介绍和评

论，认为这本书清晰地阐述了马克思主义对于住宅问题的观点，尤其谈到了国家的本质、工业的增长和资本主义对农村的变革，是一本仍有现时效力的书。该版本共 103 页，第一部分是 1887 年序言，第二部分是正文，分为三部分，每部分用拉丁数字Ⅰ、Ⅱ、Ⅲ标明；第三部分又用拉丁数字Ⅰ、Ⅱ、Ⅲ、Ⅳ分为四小部分。该单行本几乎没有什么注释，更没有人名索引，出版年限也没有标明。另一个英文单行版是由 FOREIGN LANGUAGES PUBLISHING HOUSE 于 1955 年在莫斯科出版的。它的大小几乎只有前者的一半，封皮为浅黄色，从上往下印刷着“F. ENGELS”,“THE HOUSING OUESTION”和“FOREIGN LANGUAGES PUBLISHING HOUSE”，扉页的右上角由后往前印着马恩列斯的头像，下方印着“LIBRARY OF MARXIST-LENINIST CLASSICS”的字样。在出版信息中提到该版是从 1887 年第二版德文版直接翻译成英文的。从排版上看，和万国出版社纽约版没有多少区别，但是它多了人名索引，注释也略微多了一些，正文加索引的内容达 168 页。与该版单行本非常类似的还有 PROGRESS PUBLISHERS 于 1954 年在莫斯科出版的《论住宅问题》，后来又分别在 1955 年和 1970 年出版了第二版与第三版。

除了上述单行本外，还可以在英文版《马克思恩格斯选集》和《马克思恩格斯全集》中找到《论住宅问题》。比如，由 FOREIGN LANGUAGES PUBLISHING HOUSE 于 1958 年在莫斯科出版的《马克思恩格斯选集》第 1 卷第 546—636 页就是《论住宅问题》。该选集封皮为白色，印刷字样为深蓝色，为纸皮包裹的精装本。从排版上看，该版本和前面提到的英文单行本没有什么不同，内容也几乎一样，只不过在该书出版信息中提到该卷是从俄文两卷本的《马克思恩格斯选集》翻译成英文的。由于这个选集中收录的《论住宅问题》和该出版社发行的单行本内容一样，英译者应该对照过德文版和俄文版。相比单行本而言，该选集收录的《论住宅问题》的注释就丰富得多了。此外，在 INTERNATIONAL PUBLISHERS 于 1975 年和 Lawrence & Wishart Ltd. , London，Progres Publishers 以及 Institute of Marxism-leninism，Moscow

联合出版的《马克思恩格斯全集》第 23 卷第 317—392 页中也收录了《论住宅问题》，不过该文缺少 1887 年序言，其他内容和前者几乎一样。

4. 《论住宅问题》法文版。《论住宅问题》的法文标题是“La question du logement”。至少有 5 种法文版《论住宅问题》。其一是由 Osez La Republique Sociale 于 2012 年 4 月 1 日发行的平装版，该书的封皮是由斑驳的墙体插图构成的，在封面的上方有一白色的矩形图案，里面用黑色黑体印刷着“La question du”，用红色印着“logement”字样，标题下方是“Friedrich Engels”。其二是由 Herne 于 2009 年 10 月 31 日发行的无插图的平装版，它是反资本主义丛书（Carnets Anti-Capitalisme）中的一本。其三是 Éditions Sociales 于 1957 年 1 月 1 日发行的平装本，中型大小，约重 350 克，有 110 页。文章由德国人 Gilberte Lenoir 翻译，前言由 François Biloux 撰写。它的封皮外围是白色边框，中间是咖啡色矩形，在矩形里面印着“La Question Du Logement”。其四也是由 Éditions Sociales 出版的，不过该书晚于前者，是于 1969 年 1 月 1 日出版的，页数增加到 123 页，是马克思主义经典丛书（Clasique Du Marxisme）中的一本，其封面为黄色，中间靠左的地方有一块灰色竖立的长方形，里面依次印着“Friedrich Engels”和“Laouestion Du Logement”。其五是第三个版本在 1976 年 1 月 1 日的重印。这五个版本在内容上没有什么区别，都是分为四部分：序言（Préface）；第一部分，蒲鲁东是如何解决住宅问题的（Comment Proudhon résout la question du logement）；第二部分，资产阶级是如何解决住宅问题的（Comment la bourgeoisie résout la question du logement）；第三部分，再论蒲鲁东和住宅问题（Remarques complémentaires sur Proudhon et la question du logement）。

由是观之，《论住宅问题》有多种欧洲语言版本，其德文版、俄文版、英文版和法文版近年均有再版，仍有各国热衷马克思主义住宅理论的读者阅读，并有持续的社会影响力。

二 《论住宅问题》在中国的出版与传播

较之《共产党宣言》和《资本论》等马克思主义经典著作，《论住宅问题》传入中国的时间较晚，但一经传入中国便屡屡引来研究者的目光。迄今为止，该文本有周建人和周晔译本、曹葆华和关其侗译本、贾植芳译本、莫斯科中文本、中央编译局译本等多个中译本，在《马克思恩格斯全集》《马克思恩格斯选集》《马克思恩格斯文集》中都能看到该文本的全景。下面详细述之。

1. 周建人和周晔译本。从目前掌握的资料来看，《论住宅问题》第一个中译文出现在周建人翻译的《新哲学手册》中。出版于 1948 年 8 月的《新哲学手册》是 32 开的竖排平装本，全书为繁体字，共 147 页，是周建人根据英国人朋司（E. Burns）选辑的《马克思恩格斯哲学著作集》翻译的。该书封面的正中位置竖写“新哲学手册”五个红字，左右两边分别写有“大用图书公司出版”和“英 · E. 朋司选辑”“周建人译”。出现在《新哲学手册》中的《论住宅问题》书名被译为“居住问题”，它是《新哲学手册》7 篇译文中的第 6 篇，位于该书第 117—125 页。恩格斯被译作“恩格尔斯”。在该译本的开头，译者简略介绍了《居住问题》的写作背景及主旨。译文分两部分，第一部分题目是“普鲁东如何解决居住问题”，第二部分题目是“资产阶级如何解决居住问题”。这两部分译出的只是《论住宅问题》第一篇和第二篇的部分段落，主要是《马克思恩格斯文集》中文版第 3 卷第 250—254、264、275—276、280—281、299 页的内容。

为什么不译全文呢？这可以在附于该书末页的《译者短记》中得到答案：朋司在选辑马克思恩格斯著作时主要把可以直接反映马克思恩格斯思想内涵（即“新哲学的道理”）的文字摘录出来，而把直接反驳对方的话删掉了，因而《居住问题》乃至全书呈现的就是这种样貌。周建人认为，这样可以减轻读者的阅读负担，有利于读者明白书中的道理。此外，周建人还在《译者短记》中说明，自己在抗战时期着手翻译《新哲学手册》，之后因为一些事情耽搁下来。后来是由自己的女儿周晔翻译完成了《新哲学手册》的后两篇文章，《居住问题》便是其中的一篇，周建人对译文进行了校订。[①] 因而，该文本的第一个中文版的译者是周建人和周晔。

2. 曹葆华和关其侗译本。《论住宅问题》的完整中译本是在 20 世纪 50 年代初期出现的，第一个完整的中译本是由曹葆华和关其侗完成的。1951 年 8 月，人民出版社出版了由曹葆华、关其侗翻译的书名为《论住宅问题》单行本，该单行本为 32 开竖排平装本，全书为繁体字，共 157 页。包括恩格斯的 3 篇文章及序言，页底有脚注，书尾有译后记。该书主要是根据《马克思恩格斯文选》（两卷集）俄文本和英文本翻译的，与俄文本与英文本不一致的地方，则参考德文本译出。[②] 这个版本的《论住宅问题》在 20 世纪 50 年代初曾由人民出版社重印多次，1951 年初版是白色封皮，四周印有雕刻效果的黄色花纹，中间空白位置处竖写“论住宅问题”，“论住宅问题”左右两边分别是“人民出版社出版”和“恩格斯著”，一下一上错落竖排。之后，1953 年 5 月第 2 次印刷，1953 年 10 月第 3 次印刷的《论住宅问题》则改为白色封皮，封皮中央是红色的五角星，封皮正上方是横排的两行字“恩格斯”和“论住宅问题”，分别用红色和金黄色印刷。

3. 贾植芳译本。1951 年 11 月，贾植芳根据日本岩波文库出版的加田哲二的日译文翻译的《住宅问题》由上海泥土社出版，该书为 32 开竖排平装本，全书为繁体字，共 174 页。其中前言 6 页、正文 167 页、编后 1 页，白色封皮，封皮的顶部和底部分别是红底白字的德文“FRIEDRICH ENGELS”和“ZUR WOHNUNGSFRAGS”，封皮右上角是

---

① E. 朋司：《新哲学手册》，周建人译，上海：上海大用图书公司 1948 年版，第 148 页。

② 恩格斯：《论住宅问题》，曹葆华、关其侗译，北京：人民出版社 1951 年版，第 157 页。

恩格斯的头像，封皮中间横写“住宅问题”和“恩格斯著”“贾植芳译”。该书包括写于1949年8月1日的《译者前言》、恩格斯的原序、恩格斯的3篇正文以及写于1951年10月30日的《出版者言》。

译者在《译者前言》中简要介绍了该书的内容及翻译的版本，提到加田哲二是根据“1887年刊行的订正版第二版，作为社会民主主义文库（sozial de mokratische Bibliothek）的第十三册而出版的本子”[①]翻译的。据《出版者言》介绍，该书即将出版时，恰逢曹葆华和关其侗的同书译本刚出版不久，本不打算重复出版，但是经过仔细对比发现，两书“颇有出入之处，故仍印行”[②]，以供读者参考。此外，该书正文中第三篇的标题与其他版本的标题略有不同，篇名为《关于蒲鲁东及住宅问题的补遗》，其他版本则多为《再论蒲鲁东和住宅问题》。

4. 莫斯科中文本。1954年，莫斯科外国文书籍出版局出版的繁体横排的红布面精装本《马克思恩格斯文选》（两卷集）第1卷第526—610页收录了《论住宅问题》，它包括恩格斯的3篇文章以及序言，页底有脚注。此卷由苏共中央马克思恩格斯列宁斯大林研究院集体编译，由国立政治书籍出版局出版，值得提及的是，谢唯真作了校订工作。1958年1月，人民出版社将莫斯科外国文书籍出版局出版、谢唯真校订的《马克思恩格斯文选》（两卷集）重印出版。

5. 中央编译局译本。1964年10月出版的《马克思恩格斯全集》第18卷第233—321页和1965年9月出版的《马克思恩格斯全集》第21卷第372—382页中分别收录了《论住宅问题》的3篇文章和序言，并且在第一篇文章之前附上了该文本的扉页图片。此外，在第18卷卷末有35条相关注释，在第21卷卷末有12条相关注释。这3篇文章及其序言是以《马克思恩格斯文选》（两卷集）莫斯科中文版为基础校订而成的。后来出现在《马克思恩格斯选集》（1972年5月版）第2卷第459—550页和《马克思恩格斯选集》（1995年6月版）第3卷

① 恩格斯：《住宅问题》，贾植芳译，上海：上海泥土社1951年版，第2页。
② 恩格斯：《住宅问题》，贾植芳译，上海：上海泥土社1951年版，第2页。

第131—223页的《论住宅问题》都选自《马克思恩格斯全集》第一版第18卷和第21卷。2009年，《论住宅问题》的3篇文章及序言又载于《马克思恩格斯文集》第3卷第235—334页。而且在第一篇文章之前附加了当时该文本扉页图片，在第二篇文末附加了恩格斯手稿第一页图片，在书后附有22条相关注释。与以前不同的是，这四篇文章译自《马克思恩格斯全集》历史考证版（$MEGA^2$）第一部分第24、31卷，参考了《马克思恩格斯全集》德文版第18、21卷以及我国以前的译本，因而更具完整性和权威性。正因为此，2012年9月出版的《马克思恩格斯选集》第三版第3卷第179—273页中收录的《论住宅问题》根据2009年12月初版的《马克思恩格斯文集》第3卷编译，不过其注释与《马克思恩格斯文集》稍有不同，增加了对文章中出现的某些杂志名称的注释。

可见，《论住宅问题》的上述五种中译本各具特色①，通过翻译自不同语言版本如德文版、俄文版、日文版、英文版等译本之间的对比参照，可以更好地把握恩格斯原著的思想精髓。其中，中央编译局最新版的该文本可谓参照以上诸版本之集大成者，并在译文中体现了现代中文的话语特色，尤其具有学术价值。

（本文来自2014年中央编译出版社的臧峰宇所著《恩格斯〈论住宅问题〉研究读本》有关内容。）

① 《马克思恩格斯著作中译文综录》（书目文献出版社1983年版）的编者曾对《论住宅问题》的中文版本做过梳理工作，但不甚详细且有些印刷错误。具体情况，可参看该书第269—270页。

目 录

論住宅問題

弗・恩格斯著

論住宅問題

第二版序言

這部著作是我於一八七二年發表在來比錫人民國家報 [1] 上的三篇論文的翻印。 那時恰好有法國幾十億法郎如大雨一樣傾注於德國；國債償清了，要塞和兵營建築起來了，武裝和軍需後備擴充了。游閒的資本，以及流通中的貨幣額都突然大大增加了，而這一切都恰好是當德國不僅作爲一個『統一國家』，並且還作爲一個大工業國登上了世界舞台的時候發生的。這幾十億法郎極有力地推動了年輕的大工業；正是這些法郎首先在戰後引起了一個短促的富於幻想的繁榮時期，隨後又在一八七三至一八七四年間引起了一次巨大的破產，這次破產已證明德國是一個能在世界市場上活動的工業國家。

當一個古老文明國家這樣——並且還因有如此順利的情況而加速——從工場手工業和小生產過渡到大工業的時期，多半也就是『住宅缺乏』的時期。一方面，有大批工人從農村方面突然被吸引到發展成爲工業中心的大城市裏來；另一方面，這些古老城市的原有市街分佈狀況已不適合於新起大工業的條件和發達了的交通；原有的街道已在加寬，新的街道相繼開闢，鉄軌在街道上舖設起

[1] 人民國家報(«Volksstaat»)是德國社會民主工黨（愛森拿赫派）的中央機關報，從一八六九至一八七六年在來比錫出版。——編者註。

來。正當工人們成羣湧入城市的時候，那裏的工人住宅却在大批拆毁。因此就突然有工人們以及靠工人爲主顧的小商人和手工業者們感受到的住宅缺乏現象。在開始就作爲工業中心產生的城市中，這種住宅缺乏現象幾乎是完全沒有過的。例如，曼徹斯特、里子、布列德福德、巴門、愛爾北斐特便是如此。相反，在倫敦、巴黎、柏林和維也納那裏，住宅缺乏現象曾經是極端加劇過，而且至今還大半像一種慢性病似地繼續存在着。

正是這種表徵着德國發生工業革命的劇烈的住宅缺乏現象，當時在報刊上引起了關於「住宅問題」的廣泛討論，並且成了進行各種社會江湖騙術的口實。在人民國家報上也出現了一系列這樣的論文。一位匿名的作者，後來自稱是威登堡城的醫學博士米別赫，認爲這個口實恰巧可以利用一下，以便根據這個問題來向德國工人們說明蒲魯東的社會萬應靈丹的奇異功效。當我向編輯部表示說我對於刊載這些古怪論文很感驚異時，編輯部就請我對這論文給以答覆，而我也就照辦了（見第一篇：蒲魯東怎樣解決住宅問題）。在連續發表了這篇論文之後，我不久又連續發表了另一篇論文，這裏我根據查克思博士所著一書分析了那些對於這個問題的資產階級慈善主義觀點（見第二篇：資產階級怎樣解決住宅問題）。米別赫博士在沉默許久之後對我的論文賜予了答覆，迫使我不得不重新提出反駁（見第三篇：再論蒲魯東與住宅問題）。這場論爭和我對這個問題的專門研究便以此結束了。這就是同時曾出過單行本的這三篇連續發表的論文的產生經過。既然現在需要重新刊印，那末我無疑又要感謝德意志帝國政府慈善爲懷的關注，因爲它所頒佈的禁令照例引起了對於此類作品需求的增加，所以我在這裏謹向它深致謝意。

爲了刊印新版，我把正文校閱了一遍，作了一些增補和註釋，並在第一篇中改正了一個小小的經濟學錯誤，可惜這個錯誤是我的論敵米別赫博士始終沒有發覺的。

在作這次校閱時，我面前很明確地展現着國際工人運動在最近十四年來已有巨大進步的情景。那時的事實還是『拉丁語系的工人在二十年內沒有過任何其他的精神食糧，只有過蒲魯東的一些著作』以及『無政府主義』之父巴枯寧對蒲魯東主義所作的更加簡化的說明，蒲魯東在巴枯寧的眼中是『我們共同的導師』(notre maître à nous tous)。雖然當時蒲魯東主義者在法國只是工人中間的一個小小的宗派，但是只有他們才具有過明確規定的綱領，因而在巴黎公社時期能夠担負經濟方面的領導。在比利時，蒲魯東主義曾在瓦倫工人中間獨佔統治，而在西班牙和意大利兩國工人運動中，當時所有的人，除了極少數例外，若不是無政府主義者，就是堅決的蒲魯東主義者。現在呢？在法國，工人們已經完全拋棄了蒲魯東；他只是在急進資產者和小資產階級中間才有一些信徒，他們以蒲魯東主義者的身份自稱爲『社會主義者』，可是社會主義的工人却對他們進行最殘酷的鬥爭。在比利時，佛蘭德爾人已把瓦倫人排出了運動的領導地位，已把蒲魯東主義撤銷而把運動水平大大提高了。在西班牙，也如在意大利一樣，七十年代的無政府主義洶湧來潮已經退落下去，並把蒲魯東主義的殘餘隨身帶走了；如果說在意大利那裏，新的黨還處在檢驗和組織本身行列的過程中，那末在西班牙方面，仍然忠實於國際總委員會的新建馬德里聯盟，却已由一個小的核心發展成了一個強大的黨，它之——如從共和黨人自己的報刊上就可看出的——破壞着資產階級共和黨人對工人的影響，要比它那些喧嚣的前輩人物卽無政府主義者所作過的更有效得多。在拉丁語系的工人中間，蒲魯東的著作已被遺忘而由資本論、共產黨宣言以及馬克思學派的其他許多著作所代替；馬克思的主要要求，卽由已達到政治專權地位的無產階級來代表社會奪取全部生產資料的要求，目前在拉丁語系諸國也已成了整個革命工人階級的要求了。

但是，既然蒲魯東主義甚至已完全被拉丁語系諸國工人所拋棄，既然它現在適應於自己的眞正使命，只表現法國、西班牙、意大利和比利時等國資產階級急進黨人所懷的資產階級的和小資產階級的慾望，那末今天又何必再來討論它呢？又何必再對一個已死的敵人作鬥爭並把這些論文翻印出來呢？

第一，這些論文並不局限於對蒲魯東及其德國代表者進行論戰。由於我和馬克思間有一種分工關係，我的任務是要在定期報刊上發表我們的見解，因而就中也要與敵對見解作鬥爭，以便使馬克思有充分時間去寫作他那部偉大的基本著作。因此，我把我們的見解跟其他種種見解對立起來敘述時，就往往不免要採用論戰形式。這次也是如此。本書第一篇和第三篇不僅包含有對蒲魯東關於本問題所持見解的批判，而且包含有關於我們自己觀點的敘述。

第二，蒲魯東在歐洲工人運動史上曾經起過很大的作用，以致我們不能簡單地把他忘掉。雖然他在理論上已被駁翻，在實際生活中已被排斥一旁了，但他仍然保持有歷史性的趣味。誰要是稍微詳細地研究現代社會主義，誰也就應該研究運動中那些『已被克服的觀點』。馬克思所著哲學的貧困一書，是在蒲魯東提出他那些實際的社會改良方案幾年以前出現的；馬克思當時只能發現蒲魯東交易銀行的萌芽，並加以批判。在這方面，馬克思的著作就由這本小冊子來補充，可惜補充得十分不夠。馬克思自己一定會把這一切作得更好得多，更令人信服得多。

最後，資產階級的和小資產階級的社會主義至今在德國還有很多的代表者。一方面是以講壇社會主義者[1]和各種慈善家爲代表，他們那裏要把工人變爲自己住宅所有者的願望仍然還起有很大的作用，因而我這部著作用來反對他們還是適時的。另一方面，在社會民主黨本身中間，包括國會黨團在內，存在有某種類型的小資產階級社會主義。它在那裏的表現是雖承認現代社會主義的基本見解以

[1] 講壇社會主義是資產階級政治經濟學中的一派，在十九世紀七十年代至八十年代間產生於德國，這一派的代表者在大學的講壇上冒充社會主義宣傳過自由資產階級的改良主義。——編者註。

34—1969

及變一切生產資料爲公共財產的要求正確，但却認爲實現這點只有在遙遠的，實際上模糊不定的將來才有可能。因此，他們認爲現今的任務只是要進行單純的社會補綴工作，而且依據環境甚至可以同情那些旨在達到所謂『提高勞動階級』的極反動的意圖。這樣一種傾向的存在，在德國這個以小資產階級性佔優勢的國家裏，特別當工業發展強制地和大規模地剷除着這個歷來根深的小資產階級的時候，完全是不可避免的。不過，在我國工人具有其最近八年來反對取締社會主義者法令、警察和法官的鬥爭中所輝煌表現過的驚人健全的頭腦的條件下，這點對於運動毫不危險。但是必須完全明白地認識到，這樣一種傾向是存在着。如果這種傾向日後具有了較爲穩定的形式和較爲明確的輪廓，——而這是不可避免，甚至是合乎願望的，——那末它爲了規定自己的綱領就不得不回到自己的前輩人物那裏去，並且大概是不免要借重於蒲魯東哩。

資產階級以及小資產階級解決『住宅問題』的基本點就是工人對自己住房的所有權。但這一點已因德國在近二十年來的工業發展而得到了十分特殊的說明。在任何其他一個國家裏，都沒有這樣多的僱傭工人不僅是自己住房的所有者，而且是自己菜園或地塊的所有者；同時，還有其他許多工人以佃戶身份在事實上相當穩定的佔有條件下擁有房屋、菜園或地塊。鄉村的家庭工業與園藝業或小農業結合起來，就構成爲德國新興大工業的廣大基礎。在西部，工人多半是自己住宅的所有者，而在東部，他們多半是自己住宅的佃戶。家庭工業這樣與園藝業和耕作業相結合，並且還與穩定的住房相結合的情形，不只是在手織業還跟機械織機作鬥爭的地方，例如在萊茵河下流、威斯特發里亞、薩克森礦山區和西里細亞可以到處看見，而且在有某個家庭工業部門作爲一種農村副業已經生了根的地方，例如在秋林根森林區和羅恩一帶，也可以到處看見。在討論烟草壟斷權問題時已經查明，甚至雪茄烟製造業也已具有了農村家庭工業的性質。而一待小農中間顯現出貧困的時候，例如幾年前在愛斐爾有過的那樣，資產階級報刊立刻就大肆呼號，說要發展適當的家庭工業，作爲唯一的救濟的辦法。事實上，德國小農中間日益加厲的貧困，以及德國工業的一般情况，總是使鄉村家庭工業繼續推廣起來。這是德國特有的現象。這種情形，我們在法國只是作爲一種例外才可碰見，例如在養蠶地區碰見的那樣；在沒有小農存在的英格蘭那裏，鄉村家庭工業是靠僱農的妻子兒女勞動來維持的；只有在愛爾蘭，我們才像在德國一樣可以看見有眞正農民家庭在從事家庭縫級工業。 當然，這裏我們不說俄國和其他許多國家，因爲它們還沒有踏入世界工業市場。

這樣，在德國的廣大地域上，目前工業是處於初看起來相當於採用機器以前到處盛行過的那種狀况。但只是初看起來才是如此。先前與園藝業和耕作業相結合的鄉村家庭工業，至少在工業正發展的國家裏，曾是保證工人階級物質狀况勉強過得去並且有時甚至是有充分保障的基礎，但同時也是它智力上和政治上低微的基礎。手工勞動產品及其生產費用决定了市場價格；並且在當時勞動生產率遠較今日爲低的條件下，市場銷售額通常是比提供額發展得更爲迅速。十八世紀中葉在英國和部分地在法國，特別是紡織工業中的情形，就曾是如此。而當時在最不利的條件下剛把三十年戰爭招致的破壞勉強整頓好的德國，情况當然就完全不同了；這裏爲世界市場而生產的唯一家庭工業，即蔴織業，曾經受着各種捐稅和封建義務的重壓，以至未曾把織工農民的生活提高到其餘農民的很低的生活水平之上。雖然如此，當時家庭工業工人終究是過着在某種程度上有保障的生活。

隨着機器的採用，這種情形就完全改變了。這時價格已開始由機器生產的產品來决定，家庭工業工人所得的工資就隨着這種價格而跌落下去。但工人却不能不接受這種工資，否則就必須另找工作，而他要這樣作就不免要變爲無產者，即將自己的——不論是自己所有的或租來的——屋子、菜園和小塊土地拋棄掉。只是在很稀罕的場

34*

合，他才出此下策。這樣，舊日農村手織工人的園藝業和耕作業就成了到處都把手織機反對機械織機的鬥爭大大延長下去的原因，這個鬥爭在德國至今還沒有結束。在這個鬥爭中，特別是在英國，初次表現出：以前曾是織工小康生活基礎的那種情況，即生產資料歸自己所有的情況，現在已成爲他們的障碍和不幸了。 在工業方面，機械織機打敗了他們的手織機；在農業方面，大規模的耕作業戰勝了他們的小型耕作業。然而，當許多人共同勞動以及應用機器和科學在這兩個生產部門中都已成爲社會通例時，小屋子、菜園、小塊土地和手織機還是把織工束縛在業已陳舊的個體生產和手工勞動的方式上。現在佔有房屋和菜園已經遠不及無限制的自由遷移(vogelfreie Beweglichkeit)那樣有價值了。任何一個工廠工人都不會願與一個緩慢餓死然而必然要餓死的農村手織工地位交換了。

德國在世界市場上出現很晚；在四十年代產生出來的我國大工業，它的初步高漲應歸功於一八四八年的革命，而它只是在一八六六年革命和一八七〇年革命至少給它掃除了最嚴重的政治障碍後，才能充分地發展了起來。然而，在它出現時，世界市場大部分已被佔據了。供給日常消費品的是英國，供給精緻奢侈品的是法國。德國既不能以價格來打倒英國，又不能以質量來打倒法國。因此，只好循着德國生產已經走慣了的道路，首先是帶着對英國說來太微小和對法國說來太惡劣的商品鑽進世界市場。德國人慣用的先送良好樣品後送劣等商品的欺騙伎倆，自然很快就在世界市場上受到了嚴酷的懲罰，並且是幾乎完全不能施展了；另一方面，在生產過剩條件下進行的競爭，甚至漸漸推動了可靠的英國人走上了降低產品質量的滑足道路，因而幫助了在這一行裏無可匹敵的德國人。這樣，我國就終於具有了大工業，並且開始在世界市場上起着作用了。但是我國大工業幾乎是專爲國內市場工作（只有製鉄工業是例外，這種工業的生產大大超過了國內的需要），所以構成我國大宗出口的是大量的細小貨品，大工業對生產這些貨品至多也只供給半製品，而貨品本身則大部分由鄉村家庭工業來供應。

於是，現代工人由自己所有的小屋子和小塊土地方面所獲得的『賜惠』，就十分輝煌地表露出來了。任何地方——甚至愛爾蘭的家庭工業恐怕也不是例外——都不像在德國家庭工業裏有這樣非常低的工資。家屬在自己的菜園或小塊土地上所能取得的一些東西，又被資本家用競爭從勞動力價格中扣除掉；工人不得不同意接受任何一種計件工資，因爲否則他們就完全得不到什麽東西，而單靠自己農業的產品又不能維持生活，同時又因爲正是這種農業和土地所有權把他們束縛於一個地點，阻碍他們另找職業。正就是這種情況使德國有可能憑銷售大宗細小商品在世界市場上競爭。全部利潤都用扣除正常工資的方法搾取出來，而全部剩餘價值則可以白送給購買者。這就是大部分德國輸出品價格低廉得令人吃驚的秘密。

正是這種情況，比其他任何情況都更加把其餘各工業部門德國工人的工資和生活水平也阻留在低於西歐各國工人水平的地位。這種傳統地被阻留在大大低於勞動力價值水平以下的勞動價格，就像鉛質秤錘一樣也壓制着城市工人以至大城市工人的工資，使它降低到勞動力價值之下，——況且在城市中，報酬很壞的家庭工業也代替了舊日的手工業，在這裏也壓低了工資的一般水平。

這裏我們已認識了如下一點：在較前的一個歷史階段上曾是工人生活小康基礎的東西——農業與工業相結合，自備的房屋，菜園，地塊，有保證的住所——現今在大工業的統治下，不僅成了工人最不堪忍受的沉重枷鎖，而且成了整個工人階級最大的不幸，成了把工資無比地壓低在正常水平以下的基礎，並且不僅在個別工業部門和個別地區是如此，在全國各地也都是如此。無怪乎靠這樣大大扣除工資爲生和發財致富的資產階級和小資產階級，總是盼望着鄉村工業，盼望着自己置有屋子的工人，認爲推行新的家庭副業是免除一切農民患難的唯一藥方哩！

這是問題的一方面；可是它還有自己的反面。家庭工業已經成了德國出口貿易以及全部大工業的廣大基礎。這也就是家庭工業廣泛散佈於德國很多地區的原因，並且它還繼續一天比一天散佈得更廣。小農是自從他那爲滿足自己消費的家庭工業勞動已被成衣工業和機器工業廉價產品所消滅，而他的養畜業，從而他所必需的肥料來源又已因公社制度、公社團體和強迫輪種制遭受破壞而被消滅時起，就不免要遭受破產的，——這種破產就把備受高利貸者盤剝的小農強迫地趕到現代家庭工業中來。無論是愛爾蘭的土地所有者所收取的地租，或是德國的高利貸者所收取的抵押利息，都不能由耕作業的收益來償付，而只能由農民在家庭工業中工作所得的工資來償付。隨着家庭工業的散佈，一個一個地區中的農民就相繼捲入現代的工業運動中。農業地區這樣通過家庭工業而趨於革命化，就使工業革命在德國比在英國和法國散佈到更廣大得多的地區；由於我國工業發展的水平較低，所以尤其有使這個革命廣泛散佈的必要。這就能說明爲什麽在德國與在英國和法國相反，革命的工人運動是這樣強有力地在全國廣大地區散佈起來，而不只是局限於城市中心。這又能說明這個運動的發展是平穩的、堅定的和不可遏止的。在德國，自然是只有當大多數小城市和大部分農村地區對於變革已醞釀成熟時，首都及其他大城市中的勝利起義才有可能。在多少正常的發展條件下，我們決不能單祇靠工人力量來取得勝利，如像巴黎人在一八四八年和一八七一年那樣，然而正因爲如此，我們這裏革命的首都就不能敗於反動的外省，如像巴黎在上述兩個場合遭過失敗那樣。 在法國，運動一向都是發源於首都，而在德國則是發源於大工業、工場手工業和家庭工業區域；首都只是後來才捲入運動。 因此，可能將來首先發動的也仍然會是法國人，但決定性的勝利却只能在德國取得。

然而，這種因其散佈廣濶已成爲德國最重要生產部門的鄉村家庭工業和工場手工業，同時又使德國農民階級愈益革命化，本身又不過是進一步變革的始初階段。正如馬克思早已證明了的那樣（資本論，第三版，第一卷，第四八四至四九五頁），在一定的發展階段上，它們被機器和工廠生產滅亡的時刻也是定會到來的。這個時刻似乎已經很近了。但是農村家庭工業和工場手工業被機器和工廠生產所消滅，在德國就意味着千百萬農村生產者維持生存的手段被消滅，幾乎一半德國小農被剝奪，不只是家庭工業轉化爲工廠工業，而且是農民經濟轉化爲巨大資本主義農業和小地產轉化爲巨大地主農場；就是意味着犧牲農民而有利於資本和大地產的工農業革命。如果在德國，這個變革也不免還在舊社會條件下就要完成的話，那末這個變革無疑是會成爲一個轉折點的。如果到那時候，其他任何一國的工人階級都還沒有首先發動的話，那末德國一定會開始攻擊，而『光榮戰鬥軍』的農民子弟是一定會給予英勇援助的。

這樣，資產階級的和小資產階級的空想——給予每個工人以一幢屋子的全部所有權，從而根據半封建的原則把他束縛在資本家脚下——現在就變爲完全不同的樣子了。實現這種空想，就是把一切小的鄉村房主變成爲工業的家庭工人，消滅已被捲入『社會漩渦』的小農們的舊日閉塞狀態以及由此而生的政治低微地位；就是使工業革命推廣到農村並把居民中最不活動最保守階級變成革命的苗圃，最後就是使在家庭工業方面工作的農民被那強迫他們走上起義道路的機器所剝奪。

當資產階級社會主義的慈善家在執行其資本家的社會職能中，還在繼續顚倒地實現着他們那個理想而利於社會革命時，我們可以任憑他們去欣賞他們那個理想哩。

弗利德里赫•恩格斯

一八八七年一月十日，倫敦

弗•恩格斯爲其所著論住宅問題一書第二版（一八八七年在蘇黎支刊印）而作。

按照單行版本刊印。原本係德文。

論住宅問題

第一篇

蒲魯東怎樣解決住宅問題★

在人民國家報第十期及以下各期上，連載了六篇關於住宅問題的論文，這些論文之所以値得注意，只是因爲它們是——除了某些早已被人忘却的四十年代的半美文學性的文字之外——初次想把蒲魯東學派移植到德國來的一個企圖。對於早在二十五年前就正好給了蒲魯東思想以決定性打擊[1]的德國社會主義的全部發展進程來說，這是如此大退一步，以致値得立刻對這個企圖提出反駁。

在現今報刊上起着非常巨大作用的所謂住宅缺乏現象，並不在於工人階級一般都是住在惡劣的、擠得太滿的、不合衛生的住房中。這種住宅缺乏並不是什麽現今時期特有的現象；它甚至也不是現代無產階級與先前一切被壓迫階級不同而特別遭受到的一種痛苦；相反，它是頗爲均等地傷害到一切時代所有一切被壓迫階級的。要結束這種住宅缺乏現象，只有一個方法：一般地消滅統治階級對各勞動階級的剝削和壓迫。目前人們所指的住宅缺乏現象，就是工人本來就很惡劣的居住條件因大量人口突然湧進大城市而特別尖銳化；房租大量提高，各處房屋裏的住戶愈加擁擠不堪，有些人簡直無法找到住所。這種住宅缺乏現象之所以使人紛紛談到它，只是因爲它並不局限於工人階級，而且也傷害到小資產階級。

[1] 在馬克思所著哲學的貧困一書中，該書於一八四七年在布魯塞爾和巴黎出版。（這是恩格斯加的附註。）

★ 本内容来自莫斯科外国文书籍出版局出版的《马克思恩格斯文选》一书。

我們現代大城市中的工人和一部分小資產階級所遭遇的住宅缺乏，乃是從現代資本主義生產方式中產生出來的無數細小次等禍害之一。它並不是資本家把工人當作工人來剝削的直接後果。這種剝削乃是社會革命在消滅資本主義生產方式時力求消滅的根本禍害。然而資本主義生產方式的基石是如下一件事實：我們現代的社會制度使資本家有可能按照工人勞動力的價值購買勞動力，而從這個勞動力中搾取出遠過於其價值的價值，迫使工人勞動時間超過於爲再生產償付勞動力的價格所必需的時間。這樣生產出來的剩餘價值分配於全部資本家和土地所有者階級及其所豢養的僕役之間，從教皇和帝王起，至更夫等等止。至於這種分配究竟如何進行，我們在這裏可以不去追問；無可懷疑的一點是，凡屬不從事勞動的人們，只有靠這個剩餘價值中通過某種方式落得他們手裏的一份，才能夠生活（參照馬克思著資本論，那裏初次闡明了這點）。

由工人階級所生產出來並從它那裏無償奪去的剩餘價值在各個非勞動階級中間的分配，是在極值得玩味的內鬨和互相欺詐條件下進行的：既然這種分配是通過買賣來實現，所以它的主要槓桿之一便是賣者欺騙買者，而這種欺騙現今在小商業方面，恰正是在大城市裏，已經成爲賣主賴以維持生活的眞正條件了。但是，小店主和麵包店主在商品價格或質量方面欺騙工人時，並不是把工人專門當作工人來欺騙。　相反，既然某種平均的欺騙程度在某一地方已成爲一種社會通例，那末它過些時候就一定會在工資的相應提高中得到補償。工人在對於小店主的關係上，是以買者即擁有現金或信用貸款者身份出現，因而完全不是以工人即勞動力賣者身份出現。儘管欺騙行爲傷害他以及一般傷害整個貧苦階級的程度，是要比傷害社會富有階級的程度厲害些，但欺騙行爲並不是一種專門傷害工人的禍害，不單祇是他那個階級所受到的禍害。

住宅缺乏現象也是如此。　現代大城市的擴展，使某些街區特別是城市中心區地皮的價值被人爲地提高起來，往往是巨量提高起來。原先建築在這些地皮上的房屋，不但不使這種價値提高起來，反而使其降低下去，因爲這種房屋已不適合於已經改變的條件了；於是人家就把它們拆毁而用別的房屋來代替。首先遭到這厄運的就是位置在城市中心區內的工人住房，因爲這些住房的租價，甚至在住房中擠得太滿的時候，也決不能超出或無論如何也只能極緩慢地超出一定最高限額的範圍。於是人家就把這些住房拆毁，興建起一些商店、貨棧或公用房屋。波拿巴主義曾以自己的奧斯曼爲代表在巴黎大規模地利用過這種趨勢，藉以進行欺詐勾當和達到個人發財目的。但是奧斯曼精神在倫敦、曼徹斯特和利物浦也很通行，並且彷彿在柏林和維也納也感到逍遙自在。結果是工人從城市中心被排擠到城郊地區；工人住所以及一般小住宅都變得稀少和昂貴，而且往往是根本無法找得，因爲在這種情形下，建築業旣以建造昂貴住宅作爲更有利得多的投機場所，就只是在例外的場合才來建造工人住房了。

所以，這種住宅缺乏現象打擊工人無疑是比打擊較富裕階級要嚴重得多；但是這種情況正如小店主的欺騙一樣，也很少像是一種單祇壓迫工人階級的禍害，並且就它害及工人階級的限度來說，在達到一定的水平和繼續相當的時期之後，就同樣會得到一定的經濟上的補償。

工人階級和其他階級特別是和小資產階級共同遭受的這種苦痛，正就是蒲魯東所屬的那個小資產階級社會主義專愛研究的問題。所以，我們德國的蒲魯東主義者首先抓着住宅問題來討論，也就不是偶然的事情，因爲這個問題，如我們已經看到的，決不單只是個工人問題；同樣，德國的蒲魯東主義者反過來把住宅問題說成爲一個十足的單只有關工人的問題，也決不是偶然的。

『住宅承租人對房主的關係，完全和僱傭工人對資本家的關係一樣。』

這種說法完全不對。

在住宅問題上有互相對立的兩方面：一方面是承租人，另一方面是出租人或房主。前者想從後者那裏買得住所暫時使用權；他擁有現金或信用貸款，儘管他必須又是向這個房主用高利貸價格，即以額外添加房租形式買到這種信用貸款。 這是一種單純的商品買賣；這不是無產者和資產者間，工人和資本家間的交易。承租人——即使他是一個工人——總是作爲一個有錢的人出現；他或是應該事先賣出他特有的商品即勞動力，以便有可能拿起這樣出賣所得的錢款作爲住所使用權買者出現，或是他應該有能力担保這個勞動力定會賣出去。把勞動力賣給資本家所引起的特殊的後果，在這裏是完全不會有的。一個資本家把勞動力買到手時，就強迫它首先再生產出它自己的價值，然後還要生產出剩餘價值，這種剩餘價值在資本家階級中間進行分配以前，是暫時保留在這個資本家手裏的。於是，在這裏就產生出一些過剩的價值；現有價值的總量就增加起來。租賃交易時的情形則完全不同。出租人不論向承租人手中索去多少，這始終只是已經存在着的即先前已生產出來的一些價值的轉渡，而承租人和出租人共同佔有的價值總量是仍舊不變的。工人總是被人家勒索去他的勞動產品中的一部分，無論資本家償付工人勞動是償付得低於、高於或等於這勞動的價值，都是一樣；而承租人則只是在他不得不付出超過住宅價值的房租時才有這種遭遇。因此企圖把承租人和出租人間的關係等同於工人和資本家間的關係，就是完全歪曲這種關係。相反，我們在這裏看到的是兩個公民之間的完全尋常的商品交易，而這種交易是按照支配一般商品買賣以及『土地佔有權』這一商品買賣的經濟規律進行的。首先是估計到整個房屋或一部分房屋建造和維持的費用；其次是估計到依房屋位置好壞程度而定的地皮價值；末了，決定問題的是當時的供求對比關係。這種單純的經濟關係反映到我們那位蒲魯東主義者的頭腦裏時就有如下述。

『房屋一旦建造起來時，就成爲一種永恆法權理由來獲取一定部分的社會勞動，儘管這房屋的實際價值早已在房租形式下綽綽有餘地償付給房主了。結果就是：例如五十年前修建起來的一所房屋，在這段時期內就藉租金的收入補償了原先費用的一倍、二倍、四倍、九倍等等。』

這裏蒲魯東就全形畢露了。第一，這裏忘記了一點，即房租不僅應該補償房屋建築費用上的利息，而且還要補償房屋修繕費用，濫賬和未付房錢的平均數額，以及由於住宅不時閒置所受的損失；最後，由於房屋過些時候就變得不能住人和喪失價值，所以房租應該每年抵銷建築這所房屋時所投資本的相當部分。第二，這裏又忘記了一點，即房租還應該補償房屋地皮價值增長額上的利息，因而房租有一部分是由地租構成。誠然，我們的蒲魯東主義者立刻解釋說，這種價值增長額是沒經土地所有人干預形成的，所以它不是應歸他所有，而是應歸社會所有；但他却沒有覺察到，他這樣說實際上就是要求廢除土地所有權哩。關於這點，我們現在不去多談，因爲這會使我們離題太遠。最後，他沒有覺察到，在這一交易中談到的不是向房屋所有主購買房屋本身，而只是購買一定期限內的房屋使用權。蒲魯東既然從未考慮過一種經濟現象所由以發生的眞正實際條件，當然也就不能說明爲什麽原先爲建築一所房屋所消耗的費用數額，在一定情況下竟會在五十年內以房租形式償回十倍。對於這個並不困難的問題，他不是從經濟方面去加以研究，並確切查明它是否眞正以及如何跟經濟法則相抵觸，却以大胆從經濟學方面跳到法權方面來挽救自己說：『房屋一旦建造起來時，就成爲一種永恆法權理由』來獲取定量的每年付欵。至於這究竟是如何發生，房屋究竟怎樣成爲法權理由，蒲魯東對此却默不作聲。然而這正是他應當說明的哩。假如他研究過這一點，那他就會發現出，世界上一切法權理由，不論怎樣永恆，也不能賦予一所房屋以這樣大的權力，使它能在五十年內以租金形式獲得原來建築費用的十倍；這樣大的結果只有經濟條件才能引起（這種經濟條件是可能在法權理由形態下獲得社會承認的）。說到這裏，他就會不免又要從頭講起了。

蒲魯東的全部學說，都是靠這種從經濟現實方面跳到法律術語方面的救命辦法來支持的。每當勇敢的蒲魯東看不出各種現象間的經濟聯系時——而這是他在任何一個嚴重問題上都要遭到的境遇，——他就逃跑到法律領域中去求助於永恆正義。

『蒲魯東首先是從相應於商品生產的法權關係中取得他的永恆正義 (justice éternelle) 理想，因而——順便說說——得出一種很使一切俗人感到安慰的證明，說商品生產形式也如正義一樣永恆不變。然後他就反過來力圖按照這個正義理想來改造現實商品生產和相應於它的現實法權。一個化學家不去研究現實的物質新陳代謝法則並根據這些法則來解決一定的問題，却竟依照『自然性』和『親和力』這些『永恆觀念』來改造物質新陳代謝法則，那末我們對他將有什麽感想呢？當有人對我們說高利貸是與『永恆正義』、『永恆公道』、『永恆互惠』及其他種種『永恆眞理』相抵觸時，難道我們關於高利貸的知識就會比那些曾說它是與『永恆慈悲』、『永恆信仰』及『永恆天意』相抵觸的敎會神父們所知道的多些嗎？』（馬克思著，資本論，第一卷，第四五頁）。

我們那位蒲魯東主義者並不比他的主人和老師高明些：

『租賃合同在現代社會生活中，猶如血液循環在動物身體中一樣，是必要的千百種交易之一。當然，這個社會是利於使這一切交易都滲透着法權觀念，即到處都按照嚴格正義要求來實行的。總之，社會的經濟生活，正如蒲魯東所說的，應當提到經濟法權的高度。事實上，如大家所知道的，情形恰好與此相反。』

難道可能設想，在馬克思已經正好從這個有決定意義的方面如此扼要準確地描述了蒲魯東主義五年以後的時候，居然有人用德文把這種謬論刊印出來嗎？這全部胡說是說明什麽呢？無非是說明那些支配現代社會的經濟規律所產生的實際後果侮辱了作者的法權感，而作者却虔誠希望把這種情形設法糾正一下罷了。——是的，蛤蟆如果有了尾巴，就不會成其爲蛤蟆了！難道資本主義生產方式不是

『滲透着法權觀念』，亦卽自己有權剝削工人的觀念嗎？　如果作者向我們說明這不是他的法權觀念，難道我們就向前進了半步嗎？

但是，我們還是回到住宅問題上來吧。我們那位蒲魯東主義者在這裏暢談其『法權觀念』，並向我們發出如下一套動人的議論：

『我們毫不猶疑地斷定說，在大城市中，百分之九十以至更多的居民沒有一個人擁有可以稱爲自己所有物的住所，這個事實對於我們這個鼎鼎大名世紀的全部文明所加的嘲弄是再可怕沒有的了。道德生活與家庭生活的眞正集合點，卽自己的家園，正被社會旋風所捲掉。…我們在這一方面比野蠻人還低下得多。原始人有自己的洞穴，澳洲人有自己的土屋，印第安人有自己的住處，——現在的無產階級實際上則是懸吊在空中的』等等。

在這篇哀歌中表現着蒲魯東主義的全部反動面貌。　爲要創立現代革命階級卽無產階級，就絕對必須割斷那把先前的工人束縛在土地上的臍帶。　那除了織機以外還有自己的小屋子、小菜園和小塊土地的手織工人，雖然十分貧困和遭受種種政治壓迫，仍然是一個恬靜、知足而『充滿虔誠和尊敬心情的』人，他在富人、牧師、官吏面前脫帽致敬，澈頭澈尾滲透了奴隸精神。正是現代大工業把先前被束縛在土地上的工作者變成了一個完全沒有財產、擺脫一切歷來枷鎖而被置於法外的無產者，——正是這個經濟革命造成了一些條件，唯有在這些條件下才可能推翻最後一種剝削勞動者階級的形式，卽資本主義生產形式。可是現在來了這位痛哭流涕的蒲魯東主義者，他哀嘆說工人被逐出自己家園是一大退步，殊不知這正是保證工人獲得精神解放的首要條件。

二十七年以前，我（在英國工人階級的狀況一書中）已大致描寫了正是這個在十八世紀的英國發生的工人被逐出自己家屋的過程。當時土地所有者和工廠主所幹出的無恥勾當，由這種驅逐行動首先不免要對遭受其苦的工人發生的物質上和精神上的危害作用，在那裏也得到了應有的反映。但是我能想到要把這種在當時情況下完全必然的歷史發展過程看成一種退步，看成退到『比野蠻人還低下』

嗎？不能！一八七二年的英國無產者比起一七七二年有『自己的家園』的農村織工來要高出不知多少。有自己洞穴的原始人，有自己土屋的澳洲人，有自己住處的印第安人，難道能在什麽時候舉行六月起義或建立巴黎公社嗎？

自從大規模資本主義生產被採用時起，工人的物質狀況整個講來是更爲惡化了，——對於這一點只有資產者才表示懷疑。但是難道我們就應當眷戀那個（也是很貧乏的）埃及肉鍋，眷戀那只培養着奴隸精神的細小農村工業或眷戀那些『野蠻人』嗎？恰恰相反。只有那被現代大工業所造成的，已從一切歷來枷鎖包括把它束縛在土地上的枷鎖下解放出來並被驅進大城市的無產階級，才能夠實行那消滅任何階級剝削和任何階級統治的偉大社會變革。舊日的有自己家園的農村手織工永遠不能做到這點，他們永遠不會發生這種念頭，更說不上希望實現這種念頭了。

相反，在蒲魯東看來，近百年來的全部工業革命，蒸汽力，用機器代替手工勞動並把勞動生產率增大千倍的大工廠生產，却是一個極其令人不快的事件，一個本來是不應當有的事件。小資產者蒲魯東希望有這樣一個世界，這裏每個人製出自己獨特的產品，可以立即用來消費和拿到市場去交換；並且如果每個人以其他產品形式取回自己的勞動產品的充分價值，那末『永恆正義』就得到滿足，而最好的世界就在地上建立起來了。但是，這個蒲魯東式的最好的世界在萌芽狀態中就已被向前邁進的工業發展的脚步踏碎了，這種工業發展早已消滅了一切大工業部門中的孤獨勞動，並且日甚一日地消滅着各種小的和最小的工業部門中的孤獨勞動，而代之以社會勞動，它倚靠着機器和已被征服的自然力來進行，它所生產的可以立即用於交換或用於消費的成品乃是它所必須通過的許多人手共同的創作。正是由於有這種工業革命，人的勞動生產力才達到了這樣的高度，以致在人類歷史上破天荒第一次有了可能在大家合理分工條件下，不僅生產出充分的物品來滿足一切社會成員的大量消費和造成豐富的後備儲藏，而且使每個人都有充分的閒暇時間，可以從歷史上留傳下來的文化——科學、藝術、公共生活方式等等——中間承受一切眞正有價值的東西，並且不僅承受而已，還要把這一切從統治階級的獨佔品變成全社會的公有物，促使其進一步的發展。關鍵就在這裏。人的勞動生產力一發展到這樣的高度，則用以支持統治階級生存的任何藉口便歸於消滅。要知道，辯護階級差別的最後理由總是說：一定要有一個階級無須每日疲勞於圖謀生計而有暇爲社會從事精神勞動。這種至今還有過不少歷史理由的廢話，已被近百年來的工業革命一勞永逸地斬掉根蒂了。統治階級的存在，日益愈加成爲阻撓工業生產力發展的障礙，同樣也是阻撓着科學和藝術發展，特别是阻撓着文明公共生活方式發展的障礙。從來沒有什麽人比我們現代的資產者更爲不學無術的了。

但是，這一切都是蒲魯東這個朋友不顧過問的。他只是渴望着『永恆正義』，再沒有别的什麽了。每個人應當在交換中爲自己的生產品得到自己勞動的十足收入，得到自己勞動的十足價值。但是，以現代工業生產品來計算這種價值，却不是一件容易的事情。每一單獨個人在共同生產品中所佔有的分額，在先前單獨手工勞動條件下自然而然表現在所生產出來的產品中，而現代工業却正好把這個分額掩蔽起來了。其次，現代工業日益消滅蒲魯東全部體系所賴以支持的個别性的交換，卽互相換取生產品來供自己消費的兩個生產者間的直接交換。因此，整個蒲魯東主義都滲透着一種反動的特性：厭棄工業革命，時而公開時而隱蔽地表示希望把全部現代工業、蒸汽機、紡織機以及其他一切禍害都驅開，而回返到舊日的可敬的手工勞動上去。至於我們這樣作就要喪失千分之九百九十九的生產力，整個人類就要陷於極可怕的勞動奴隸狀况，飢餓就要成爲一般通例，那末這一切都沒有什麽重要，只要我們能辦好交換關係，使每個人能得到『自己勞動的十足收入』並使『永恆正義』得以實現就行了！

Fiat justitia, pereat mundus!

只求正義得勝，哪怕世界滅亡！

這個蒲魯東主義的反革命如果一般眞能實現的話，世界是會要滅亡的啊。

然而，不言而喻，即令是在受現代大工業制約的社會生產條件下，每個人也能保證獲得『自己勞動的十足收入』，只要這句話一般是含有意思的話。但是，這句話只有加以廣義的理解才會含有意思，即必須理解成這樣：不是每一單個工人成爲這種『自己勞動的十足收入』的所有者，而是整個純由工人組成的社會全體成爲他們勞動的全部生產品的所有者，由這個社會把這生產品的一部分分配給自己的成員以供消費，一部分用以補償和增大自己的生產資料，一部分積累起來作爲生產和消費的後備基金。

* * *

看了上面所說的一切之後，我們就可預先知道我們的蒲魯東主義者將如何解決偉大的住宅問題了。一方面，他要每個工人都有歸他所有的住所，好使我們不再比野蠻人還低下。另一方面，他又斷定說，房屋的建築所消耗的原來的費用在房租形式下被收回一倍、二倍、四倍或九倍，如事實上所發生的那樣，是依據於法權理由，而這個法權理由是與『永恆正義』相抵觸的。問題解決得很簡單：我們廢除法權理由，憑藉永恆正義把所付的房租宣佈爲抵銷住房本身價格的分期付款。如果採取本身已包含有最終結論的這種前提，那末當然只須有任何一個江湖騙子所具備的那種狡猾手法，就能從口袋中抽出預先準備好了的結果，並且誇耀說這個結果所由以產生的那種邏輯是不可摧毀的了。

這裏也正是如此。把廢除住宅租賃宣告爲必要之舉，其方式就是要求把每個承租人變成自己住房的所有者。怎樣做到這步呢？簡單得很：

35—1966

『贖買租賃住房。…對原來的房主付淸其房屋的價値，不短分厘。不是讓所付的租金如先前那樣成爲承租人用以償付資本永恆權利的貢賦，而是從公佈贖買租賃住房之日起，租賃人所付出的那筆精確規定的金額就成爲補償歸他所有的住房價値的每年分期付款。…社會…就這樣變成由各個獨立自由的住宅所有者所組成的總體。』

在蒲魯東主義者看來，房主毫不勞動能從自己所投於房屋上面的資本中取得地租和利息這點，是一種違背『永恆正義』的罪行。他發佈命令說：這種情況必須停止，投在房屋上面的資本不應當再獲取利息，而它既然是已經買得的地皮，也就不應當獲取地租。但是我們已經看到，資本主義生產方式，即現代社會的基礎，是並不因此受到損傷的。工人受剝削現象所環繞的關鍵是：勞動力出賣給資本家，而資本家利用這種交易來強迫工人生產出比構成償付的勞動力價値更多得多的東西。正是資本家與工人間的這種交易創造出全部剩餘價値，這些剩餘價値隨後就以地租、商業利潤、資本利息、捐稅等等形態分配於各個類別的資本家及其僕從之間。於是我們的蒲魯東主義者就出來宣稱，只要禁止某一個類屬的資本家——而且是些並不直接購買勞動力，因而也就不迫使他人生產剩餘價値的資本家——去獲取利潤或利息，就算是前進一步了！即使房主明天就被剝奪了收取地租和利息的可能，從工人階級身上剝削來的無償勞動的總額也還是絲毫不會有所變動；然而這並不妨礙我們的蒲魯東主義者宣稱：

『這樣，廢除住宅租賃制是由革命思想內部發生的最有成效和最高尙的意向之一；它應當成爲社會民主派方面的頭等要求。』

這恰好是像老師蒲魯東本人的吶喊，他那母雞式的啼叫聲也總是與他所下的蛋兒的大小成反比例哩。

但是請想像一下那種美妙的情景吧：每個工人、小資產者和資產者，都必得藉按年付款的方法先成爲自己住宅的局部所有者，然後又成爲住宅的全部所有者！在英國工業區，因爲存在有大工業和小工人屋子，而且每個有家眷的工人都住着單獨的一所小屋子，——這也許還有某種意義。但是巴黎和大陸上多數大城市的小工業却附有大房屋，裏面共居着十家、二十家、三十家人。在宣稱贖買一切租賃住房的救世法令頒佈的那一天，假定說有一個名叫彼得的工人在柏林一家機器工廠作工。經過一年以後，假定他成了漢堡門附近地方他所住的五層樓上的一個小房間十五分之一的所有者。後來他失業了，不久就搬到漢諾威城的波特果福一所相似的住宅去，住在庭院景色華美的三層樓上，在這裏他住了五個月以後，恰好獲得了所有權的三十六分之一，突然一次罷工把他漂泊到慕尼黑去，並使他在那裏逗留過十一個月以後，獲得了上昂格爾加斯街後面一座相當黑暗的地下住所一百八十分之十一的所有權。以後的多次遷移，現代一般工人時常受到的這種遭遇，又給他拉上了聖加陵一處同樣良好住所的三百六十分之七，里子另一處住所的一百八十分之二十三，以及塞朗第三處住所的五萬六千二百二十三分之三百四十七——其所以計算得這樣精確，是爲了不致違反『永恆正義』呵。我們的彼得怎樣來處置這一切零星細小住所部分呢？誰會給他這些部分的眞正價值呢？他到哪裏去尋找他先前住過的那許多住所其餘部分的所有者或所有者們呢？既然一座大樓中的多層樓房，比方說，包含有二十所住宅，而這座大樓在贖購期滿和住房租賃制廢除後也許就要分屬散居世界各處的三百個部分所有者，那末對於這樣的任何一座大樓中的所有權關係將怎麼處置呢？我們的蒲魯東主義者將回答道，到那時候，將成立有蒲魯東主義的交易銀行，這個銀行將隨時對每個人的任何勞動生產品支付十足的勞動收入，因而也會對住宅的每一部分支付十足的價值。但是第一，蒲魯東主義的交易銀行在這裏與我們沒有關係，因爲在論住宅問題的一些論文中就從沒有提到過這個銀行；第二，它是立足在一種奇怪的謬論上，即認爲任何人想要出售一件商品時，總是一定會找到付出十足價值的購買者；第三，在

35*

蒲魯東作出這個發現之前，這個發現已經在英國以工人交易集市[1]的名義破產過不止一次了。

這種認爲工人應當爲自己購買一個私自住所的全部想法，又是建立在已被我們指出過的那個反動的蒲魯東主義原則上，以爲現代大工業所創造的條件是一種病態式的贅疣，必須用強制手段——即逆着社會在過去一百年來所順從的潮流——使這個社會退回到以孤獨生產者因循守舊的手工勞動爲普通規例的狀態中去，這種狀態一般講來不過是已經滅亡和正在滅亡的小手工業生產制的理想化的恢復罷了。設若工人重新被抛回到這種因循的狀態中去，設若『社會旋風』竟被人們順利地排除了，那末工人當然又能來享用『家園』所有權，於是上述的贖買論就不會顯得那樣荒謬了。但是蒲魯東竟沒有注意到，爲了實現這點，他首先就必須把世界歷史的時鐘向後撥轉一百年，從而把現代工人又弄成像他們的曾祖父那樣眼界狹隘和卑諂成性的奴隸。

蒲魯東的這種解決住宅問題的方法中所包含的一些合理和可以見諸實現的東西，現在都在實行起來了，但這並不應歸功於『革命思想內部』，而應歸功於… 大資產者自身。我們且聽一聽馬德里出版的卓絕的西班牙文解放報[2] 在一八七二年三月十六日論及這個問題的一段話：

『還有另一種解決住宅問題的方法，由蒲魯東建議的方法，它初看起來倒也光輝奪目，但一被仔細考察就顯得完全無力了。蒲魯東建議把承租人變成分期付款的購買者，把每年付出的租金算做分期償付住房價值的款項，而承租人經過一定時期後便成爲這所住房的所有者。這種在蒲魯東看來很革命的辦法，現今已在世界各國

---

[1] 恩格斯指的是羅貝爾特•歐文企圖建立工人集市來憑藉勞動券實行交換生產品，這種勞動券是以一小時工作時間爲單位。——編者註。

[2] 解放報（«Emancipacion»）是一種週報，由第一國際西班牙馬克思主義支部出版的機關刊物；從一八七一年六月起至一八七三年止在馬德里刊印。——編者註。

被投機公司採用着，這些公司藉提高租價迫使租賃人償付一倍和兩倍的房屋價値。道爾福斯先生和法國東北部其他大工廠主已經實行了這個制度，不僅爲着搾取金錢，並且還懷有隱蔽的政治目的。

統治階級最聰明的領袖向來都力求增加小私有者人數，以便爲自己建立一支反對無產階級的軍隊。十八世紀的資產階級革命曾把貴族和教會的大地產打碎成爲許多零星細小的地產，——現在西班牙共和派對於至今還存在着的大地產也想這樣作，——因而造成了一個小土地所有者階級，這個階級從那時起就成了社會中最反動的成分和經常阻碍城市無產階級革命運動的勢力。拿破崙第三曾打算用縮小國家公債券票面價額的方法在城市中也造成這樣一個階級，而道爾福斯先生及其同僚把小住房按逐年淸償房價的條件出賣給自己的工人，就是企圖滅絕工人中間的任何革命精神，並藉這種地產把他們束縛於他們已在那裏工作的工廠。因此，蒲魯東的計劃不僅沒有絲毫減輕工人階級所受的苦痛，而且甚至反轉來直接反對他們了。』[1]

怎樣解決住宅問題呢？在現代的社會裏，這個問題完全像其他任何社會問題一樣解決着：都是藉供求關係在經濟上逐漸的均衡來解決，但是這種解決法本身又再三地產生出這個問題，就是說，不能給予任何解決。社會革命將怎樣來解決這個問題，這不僅會要看時間和地方情形而定，同時也與那些更深遠得多的問題相聯系着，其中最重要的一個就是消滅城市與鄉村間的對立問題。既然我們不從事於臆造將來社會結構的空想體系，也就用不着在這一點上浪費時間。不過有一件事不容置疑，這就是現時在各個大城市

---

[1] 關於在美國各大城市或新興城市附近怎樣自然產生出這種把工人束縛於自己『房屋』來解決住宅問題的作法，有厄林諾拉•馬克思—艾維林一八八六年十一月二十八日從印第安納波里來信中一段話可以證明：『在堪薩斯城內，或者確切些說，是在城郊，我們看見了一些可憐的小木房，每幢木房約有三個房間，完全是處在荒野地方；地皮價値六百元，其面積正好可以容一幢小房子；小房本身又値六百元，所以爲了獲得泥濘曠野中離城要走一個鐘頭路遠的一所可憐的小房，總共要費去四千八百馬克』。這樣，工人就必須負起沉重的抵押債務，才能得到這種住所，於是他們就眞正變成了自己主人的奴隸；他們被纏在自己的房屋上，一步也不能走開，只好同意接受向他們所提出的任何勞動條件。（這是恩格斯爲一八八七年版加的附註。）

中已有很充足的住房，只要把這些住房應用得合理，便可以立即幫助解決實際的『住宅缺乏』問題。當然，要實現這一點，就必須剝奪現在的房東，而把那些沒有住房的工人或現時住在人數過多住宅裏的工人搬進這些房屋裏去。　而當無產階級一奪得政權時，這種爲社會福利所要求的辦法，就會像現代國家剝奪和佔據住宅那樣容易實現了。

* * *

但是，我們的蒲魯東主義者不滿意自己在住宅問題方面的成就。他一定要把這個問題從塵凡提到高級社會主義領域，以表明這個問題在那裏也是極重要的『一部分社會問題』。

『我們且假定資本生產率眞正已被提着兩角了，——這是遲早一定會發生的，——例如，通過把一切資本利息率肯定爲一厘的過渡法律，並且還要使這個利息率漸漸接近於零，以至最後除了供資本週轉所必需的勞動以外，就再沒有什麼別的要償付了。自然，房屋以及住宅，也如其他一切生產品一樣，都應服從這種法律支配…房主自己將爭先恐後地力求賣出房屋，因爲否則他的房屋將無人去居住，而投在房屋上面的資本就會成爲簡直無用的了。』

這段議論包含有蒲魯東主義教理問答中的一個基本信條，並且提供了那裏一場糊塗觀念的一個明顯例證。

『資本生產率』是蒲魯東從資產階級經濟學者那裏粗率抄來的胡說。誠然，資產階級經濟學者也是從斷定說勞動是一切財富的泉源和一切商品價值的尺度這點出發；但是他們也應當說明，爲什麼資本家把資本投到工業或手工業企業後不僅能收回他所投的資本，並且另外還取得利潤。因此他們不得不陷入種種矛盾，硬說資本本身也有一定的生產率。蒲魯東還深深陷在資產階級思想方式中的最好證據，莫過於他所學會的這種談論資本生產率的姿態了。我們一開始就已經看到，所謂『資本生產率』，無非是說資本具有把僱傭工人的無償勞動攫爲己有的性能（在現今社會關係下，沒有這種關係，資本就完全不成其爲資本了）。

然而蒲魯東與資產階級經濟學者不同的地方，就在於他不嘉許這種『資本生產率』，而是相反，他覺得這個生產率破壞『永恆正義』。正是這個生產率阻碍着工人得到自己勞動的十足收入。因此必須把它廢除。怎樣廢除呢？就是憑靠強制法律把利息率降低，以至於降到零。那時，在我們的蒲魯東主義者看來，資本就不會再是有生產率的了。

貨幣借貸資本的利息，只是利潤中的一部分；不論工業資本的利潤或商業資本的利潤，都只是資產階級在無償勞動形態下從工人階級方面奪來的剩餘價值中的一部分。調整利息率的經濟法則離決定剩餘價值率的法則獨立的程度，就像同一社會形態中各種法則之間一般可能談到的互相獨立程度一樣。至於說到這種剩餘價值在各個資本家間的分配，那末很明顯，對於其企業中由其他資本家投有大量資本的工業家或商人說來，在其他條件相同的時候，利潤率的增高應當是與利息率的跌落成正比例的。因此，降低以至於最後廢除利息率決不會把所謂『資本生產率』『兩角握着』，只會使那從工人階級方面奪來的無償剩餘價值在各個資本家間有另一種分配，不是保證工人比工業資本家享得優惠利益，而是保證工業資本家比食利者享得優惠利益。

蒲魯東從他的法學觀點上說明利息率，也像他說明一切經濟現象一樣，並不是依據社會生產的條件，而是依據一般表現着這些條件的國家法律。從這個使人絲毫看不出國家法律與社會生產條件有聯系的觀點看來，這些國家法律就必然顯得完全是任意的命令，可能隨時完全任意用一些直接相反的命令來代替。因此，在蒲魯東看來，最容易不過的就是頒佈法令——如果他擁有這種權力的話——把利息率降低爲一厘。可是，既然其他一切社會條件照舊不變，於是這個蒲魯東主義的法令也就只是一紙空文了。不管有怎樣的法令，利息率將照舊是由現在支配它的經濟規律來調整。有信用的人將仍如先前一樣依照情況按二厘、三厘、四厘和更高的利息率借取金錢，不同處只是食利者將非常謹愼，只把金錢借給那些不會弄出訟案的人們。況且，這種剝奪資本『生產率』的偉大計劃來源極其久遠，它與那無非是要限制利息率的高利貸法一樣古老，然而這些法律現在到處都已經廢除，因爲實際上它們向來都是受到破壞或迴避，而國家在社會生產規律面前不得不承認自己無能爲力。誰知只要把這些無法執行的中世紀法律恢復起來，就可『把資本生產率兩角握着』哩！讀者由此可以看到，愈仔細去考察蒲魯東主義，它就愈顯得反動呵。

一旦利息率通過這種方法降到零，從而資本利息一被廢除，那時『除了供資本流轉所必需的勞動以外，就再沒有什麼別的要償付了』。這應當是意味着，廢除利息就等於廢除利潤，以至於廢除剩餘價值。但是，如果能憑藉一紙法令眞正把利息廢除掉，那末結果又會是怎樣呢？那時在食利者階級看來，把自己的資本當作借貸資本貸出就會沒有什麼意思，但他們必定會不惜冒險，把資本投入自營的工業企業或投入股份公司。資本家階級從工人階級方面奪來的剩餘價值總額會依然如舊，只是它的分配會有變動，而且變動得也不大。

事實上，我們的蒲魯東主義者忽略了一點，就是在現今資產階級社會裏購買商品時，平均講來也是除了『供資本週轉所必需的（應當是說：供一定商品的生產所必需的）勞動』以外，就再沒有什麼別的東西要償付了。勞動是衡量一切商品價值的尺度，所以在現今社會中——撇開市場的波動不談——一般和整個說來，要商品被償付得高於製造該商品所必需的勞動量，這是完全不可能的。不，不，親愛的蒲魯東主義者，要點是在另一個地方：就在於『供資本週轉所必需的勞動』（姑且用你的糊塗說法來表示）簡單是不被十足償付的哩！關於這種情形的說明，你可以到馬克思的著作那裏去讀到（資本論，第一卷，第一二八至一六〇頁）。

但是這還不夠。一旦資本的息金（Kapitalzins）廢除時，租金（Mietzins）[1] 也要隨之廢除的。因爲『房屋以及住宅，也如其他一切生產品一樣，都要服從這種法律支配』。這正好像那位老少校把自己部下的一位服役者叫來吩咐說：『喂！聽說你是一個醫士，——那末請你常常到我家裏來；一個人家裏有了一個妻子和七個兒女，總是有人需要診病的呵。』

那位服役者說：『請原諒我，少校大人，我是哲學博士！』

少校：『這對於我反正都是一樣，士就是士。』

我們的蒲魯東主義者也是如此：不論租金(Mietzins)或資本息金（Kapitalzins），——這對於他反正都是一樣，金就是金，士就是士。我們在上面已經看到：租價（Mietpreis）即普通所謂租金（Mietzins）的構成部分是：（一）地租；(二)建築資本的利息，包括承造人的利潤在內；（三）修繕費和保險費；（四）隨着房屋逐漸破舊無用的程度以每年分期付款方式支付的建築資本補償費（折舊費），利潤也包括在內。

現在就是瞎子也一定明白，『房主自己將爭先恐後地力求賣出房屋，因爲否則他的房屋將無人去居住，而投在房屋上面的資本就會成爲簡直無用的了』。當然呵。如果廢除了借貸資本的利息，那末無論哪一個房主也不能再收得自己房屋的一文租金，這只是因爲租金（Miete）也可以叫做租賃息金（Mietzins），並且因爲後者包含有一部分眞正的資本利息。士就是士。如果對通常的資本利息說來，高利貸法只是由於有人迴避就變得無效了，那末這些法律對於房租的高低是甚至一點也沒有觸及的。蒲魯東第一個被注定要這樣來幻想：他的新高利貸法將一定不只是能調整和逐漸廢除簡單的資本利息，而且還能調整和逐漸廢除複加的租金(Mietzins)。但是，那時究竟爲什麽要用重金從房主那裏購買這個『簡直無用的』房屋，爲什麽房主在這種情形下自己不再貼補些錢以求擺脫這個

[1] 直譯應爲『租賃息金』。——編者註。

『簡直無用的』房屋，免得再耗用修繕費，——這對於我們就始終是一個秘密了。

在高級社會主義（蒲魯東老師稱之爲超級社會主義）領域中建樹了這番偉大功勳以後，我們的蒲魯東主義者就認爲自己有權更加縱翼高騰了。

『現在只須再作出幾個結論，以便從各方面來充分闡明我們探討中的如此重要的問題。』

這些結論又是怎樣呢？這些結論很少能從前面的議論中產生出來，就好像住房貶價一事很少能從利息率廢除一事中產生出來一樣；這些結論——如果把我們的作者所加在它們上面那些冠冕堂皇的詞藻除開不說的話——不過是說，爲要把購買租用住房一舉順利完成，最好是：（一）舉行精確的房屋統計，(二)組織優良的衛生警察，(三)成立一些能担任建築新房屋的建築工人協作社。當然，所有這一切都是極好極妙的事情，但是，不管有這一切集市叫賣式的詞令，它們並不能『充分闡明』蒲魯東主義黑漆一團的糊塗思想。

誰作出了這樣的功績，他就有權來鄭重地訓誡德國工人說：

『這些問題以及類似的問題，在我們看來，完全值得社會民主黨注意。……希望他們對於其他同樣重要的問題，如**信貸**、**國家債務**、**私人債務**、**稅收及其他等等**，也像在這裏把住宅問題研究清楚了一樣研究清楚』等等。

這樣，我們的蒲魯東主義者就向我們許下了一系列關於『類似的問題』的論文，而且如果他論述這些問題，也像他論述這個『同樣重要的問題』一樣詳細，那末人民國家報就可保證有足夠一年用的文稿了。不過我們能預料到一切答案，——一切都不過是和上面已經說過的一樣：資本利息一被廢除，國家債務和私人債務上的利息也會跟着消失，信貸就會變成無息的了等等。同一個符咒可以用來解答任何一個問題，並且在每一個別場合都以嚴峻的邏輯得出同一美妙驚人的結論：資本利息一廢除，借欵就無須再付利息了。

不過，我們的蒲魯東主義者用來威脅我們的問題也很漂亮哩。信貸！除了在前後兩次領工資相距期間或從當舖裏借到手的信貸以外，工人還需要什麽信貸呢？借給工人的無息或有息信貸，或甚至是由當舖索取高利的信貸，——對於工人說來有很大的差別嗎？如果一般講來工人由此得到一點利益，因而勞動力生產費用也變得便宜些了，那末勞動力的價格難道不也是會降低下去嗎？但是，對於資產者，尤其是對於小資產者，信貸却是一個重要的問題，而小資產者若有可能隨時得到信貸，並且還是不用付利息的信貸，那他當然要感到特別方便。『國家債務』！工人階級知道它沒有舉借過這種債欵，而當它一旦奪得政權時，它就會讓那些舉借過這種債欵的人去償還。『私人債務』！——請參看信貸項吧。『稅收』！這是對資產階級利益關係很大，而對無產階級利益關係則很小的事情：工人當作納稅繳付的一切，歸根到底總是歸入到勞動力生產費用內，因而一定要由資本家來補償。所有這裏當作對於工人階級極其重要的問題向我們提出的事項，實際上只是對於資產者尤其對於小資產者才有重大利益關係，我們則違反着蒲魯東的意見斷言道：工人階級並沒負有使命來守護這些階級的利益。

至於眞正有關工人的重大問題，即資本家與僱傭工人的關係問題，資本家怎樣能靠自己那些工人的勞動來發財的問題，我們的蒲魯東主義者却竟隻字不提。誠然，他的老爺和老師曾經研究過這個問題，但他完全沒有把它弄明白，甚至在他最後幾篇著作中實質上也沒有在這方面超出貧困的哲學一步，而這個貧困的哲學的淺薄無聊，早在一八四七年就已被馬克思如此光輝地揭穿了。

很可嘆惜，在二十五年以來，除了這位『第二帝國的社會主義者』的著作以外，拉丁語系的工人們就幾乎沒有過別的社會主義精神食糧。假如蒲魯東的理論現今又還會在德國氾濫起來，那就會加倍可悲了。但是對於這點根本用不着担憂。德意志工人的理論水平已比蒲魯東主義先進了五十年，所以只要單祇以住宅問題作爲例子來把這點說明清楚，就可不必再在這方面繼續花費勞動了。

第二篇

資產階級怎樣解决住宅問題

（一）

在論蒲魯東怎樣解决住宅問題的那一篇中，已經指明小資產階級對於這個問題有多大的直接利害關係。但是，大資產階級對於這個問題也有頗大的利害關係，雖然只是間接的關係。現代自然科學已經指明，擠滿了工人們的所謂『惡劣的街區』，是週期性地光顧我們城市的一切瘟疫病的發源地。霍亂、傷寒、腸熱症、天花以及其他蹂躪人民的病症，總是把自己的細菌散播到工人區域感染病毒的空氣中和含有毒素的水中去；這些細菌在那裏幾乎從未死滅，而在適當的條件下就發展成爲普遍流行的瘟疫病，於是從它們的發源地傳播到資本家老爺們居住的空氣較好的那一部分較合衞生的城區去。統治的資本家階級不能以逼迫工人階級陷在瘟疫病症中爲樂事；後果總是落到資本家自己頭上來，而死神在他們中間也就如在工人中間一樣無情地毀滅它的犧牲者。

當這事實已由科學確定之後，仁愛的資產者便充滿了爭先恐後關懷自己那些工人健康的高貴精神。於是就實行建立協會、寫作讀物、草擬方案、討論和頒佈法律，以求根絕時常重複發生的各種瘟疫病的來源。工人居住條件已開始受到考察，企圖改正最顯著缺陷的嘗試也作出了。在大城市數量最多因而可能使大資產者受到危險也最大的英國，展開了特別積極的活動；委任了調查工人階級生活衞生狀況的政府委員會；它們的報告以其精確、完備和公正勝過大陸的一切資料，因而成了多少帶些急進精神的新法律所依據的基礎。這些法律也是極不完善，然而它們終究遠遠勝過大陸至今在這方面所作到的一切。 雖然如此，而資本主義的社會制度畢竟必然要經常地再產生出這種必須醫治的癰疽，以致這種醫治工作在英國也很難說有什麽進步。

德國是照例需要更長久得多的期限，才可使這裏也經常存在的傳染病源發展到必要的劇烈程度，終於把昏睡的大資產階級推醒過來的。不過，也許眞是愈走得慢，就愈走得遠吧，最後在我們這裏也出現了一些關於公共衛生和住宅問題的資產階級文獻，這些文獻無非是從外國前輩，主要從英國前輩那裏抄來的平淡無味的摘錄，只是憑藉宏亮華麗的詞藻，才騙人地賦予了它一種高超見解的外貌。屬於這類文獻的一本書，就是艾米爾·查克思博士的『勞動階級的居住條件及其改良』，一八六九年在維也納出版[1]。

我選出這本書來說明資產階級對住宅問題的處理方法，只是因爲它企圖儘量包羅關於這個問題的一切資產階級文獻。然而我們的作者用作『資料』的這些文獻又是多麽好呀！從英國國會報告書，即眞正主要的資料中，只提到了最舊的三篇；整本書都證明作者連其中任何一篇都從來沒有看見過；可是他却援引了一系列庸俗資產階級的、善意市儈的、虛僞慈善家的著述：杜克佩修、羅伯茲、霍爾、古貝爾，英國社會科學（倒不如說社會胡說）大會的報告，普魯士保護勞動者福利協會的期刊，奧地利關於巴黎世界博覽會的公報，波拿巴當局關於這同一博覽會的公報，插圖倫敦新聞[2]，在陸上和海上[3]，最後是一位『公認的權威』，一個具有

---

[1] Sax E., Die Wohnungszustände der arbeitenden Klassen und ihre Reform Wien, 1869. ——編者註。

[2] 插圖倫敦新聞（«Illustrated London News»）是銷行很廣的代表資產階級的插圖周刊，一八四二年創辦。——編者註。

[3] 在陸上和海上（«Ueber Land und Meer»）是插圖文學雜誌，一八五八年在斯圖加特開始出版。——編者註。

『敏銳實際頭腦』和『令人悅服口才』的人物，——就是…尤利烏斯·福黑爾！在這個資料單中只缺少了涼亭，當頭棒和射手庫契克[1]。

爲了使人不致對他的觀點發生任何誤解，查克思先生在第二二頁上聲稱：

『我們所稱爲的社會經濟學是關於國民經濟的學說在社會問題上的應用，更精確些說，是這門科學提供給我們的手段和方法的總和，目的是要根據這科學的『鉄的』法則在現今統治社會制度範圍內把所謂（！）無產者階級提高到有產者階級的水平。』

我們且不去深究這種認爲『關於國民經濟的學說』或政治經濟學一般除了『社會』問題以外彷彿還研討其他什麽問題的糊塗觀念。我們要立卽研究主要點。查克思博士要求使資產階級經濟學的『鉄的法則』，『現今統治社會制度範圍』，換句話說，就是資本主義生產方式，應當一成不變地保留下去，雖然如此，而『所謂無產者階級』的狀況還是應該提高到『有產者階級的水平』。但是，要知道，資本主義生產方式必不可少的先決條件是要存在有並非所謂的而是眞正的無產者階級，這個階級除了自己的勞動力以外再沒有其他什麽東西可以出賣，因而不得不把自己的勞動力出賣給工業資本家。於是，查克思先生所發現的新科學卽『社會經濟學』的任務就是如下：找出一些手段和方法，以便在那建立於佔有一切原料、生產工具和生活資料的資本家和除了自己勞動力以外再沒有其他東西的無產僱傭工人對立基礎上的社會制度內部，在這個社會制度範圍內，使一切僱傭工人都能變成資本家而又不失其爲僱傭工人。查克思先生以爲他是把這個問題解決了。也許他會如此慇懃，給我們指出怎樣能把法國軍隊中所有從拿破崙

[1] 涼亭（«Gartenlaube»）是供家庭閱覽的小市民雜誌。『射手庫契克』就是詩人哥特赫爾福·霍甫曼，他寫有一支在一八七〇至一八七一年普法戰爭時期頗爲流行的愛國主義歌曲。——編者註。

第一時代起就各自在自己行囊裏帶着元帥杖的全體士兵都變成元帥，同時却又使他們不失其爲普通士兵吧。或者給我們指出怎樣把德意志帝國四千萬臣民都弄成德國皇帝吧！

資產階級社會主義的實質就正在於希望保全現代社會一切禍害的基礎，同時却又希望消除這些禍害。正如共產黨宣言中所說，資產階級社會主義者想『把社會疾病醫治好，以求鞏固資產階級社會的生存』；他們想要有一個『不要無產階級存在的資產階級』。我們已看到，查克思先生恰恰是這樣提出問題的。他認爲解決住宅問題就會使這個問題得到解決；他認爲『通過改善各勞動階級的住所就能有成效地減輕上述那些肉體上精神上的貧困，從而——卽只是通過廣泛改善居住條件——就能把這些階級絕大部分人從他們那種幾乎非人生活的泥沼中，提升到物質福利和精神福利純潔的高峯』（第一四頁）。順便說說，資產階級的利益，正是需要把無產階級存在是由資產階級生產關係所引起而同時又是這些生產關係繼續存在的條件這一事實抹煞。因此，查克思先生在第二一頁上向我們講道：各勞動者階級除了工人本身以外，還包括一切『貧窮社會階級』，『一般小百姓，卽手工業者、寡婦、領卹金者（！）、下級官吏等等』。資產階級社會主義向小資產階級社會主義握手了！

住宅缺乏現象究竟是從哪裏來的呢？它是怎樣發生的呢？善良的資產者查克思先生當然不用知道，這種現象是資產階級社會形態的必然產物；沒有住宅缺乏現象便不能存在有這樣一種社會，在這種社會中，極大多數勞動者是不得不專靠工資來過活，因而也就是靠維持生命和延續後代所必需的生活資料總額來過活；在這種社會中，機器等等的不斷改善常常使大量工人失業；在這種社會中，工業的劇烈的週期波動一方面決定着大量無業工人後備軍的存在，另一方面又時而把大批失業者拋到街頭上；在這種社會中，工人大批地擁塞在大城市裏，而且擁塞的速度比在當時條件下給他們修造住房的速度更快；所以，在這種社會中，最污穢的豬圈也經常能找到租賃者；最後，在這種社會中，房主總是以資本家的資格不僅有權，而且由於競爭，在某種程度上還應該從自己的房產中無情搾取最高的租價。在這樣的社會中，住宅缺乏現象並不是什麽偶然的情形，它是一個必然的規例；這種現象連同它那些影響健康等等的後果，只有在它所由產生的整個社會制度都已根本改革時，才能消除下去。但資產階級社會主義是不應知道這點的。它不敢以現存條件來說明住宅缺乏現象。因此，它別無他法，只好用一些宣講道德的詞句來說明住宅缺乏現象是由於人們德性敗壞，甚至可說是由於人類原來的罪孽。

『於是這裏應當承認，——因而也就不能否認（多麼大膽的結論！），——罪過…部分地是在那些表示需求住宅的工人本身身上，而部分地並且程度更大得多地是在那些負責滿足這種需求的人們身上，或者在那些雖擁有必要資料而却甚至不肯負起這種責任的人們身上，即在有產的高等社會階級身上。　後者的罪過…就在於他們不設法保證充分供應良好的住房。』

正如蒲魯東把我們從經濟學方面帶到法權學方面去一樣，我們的資產階級社會主義者在這裏把我們從經濟學方面帶到道德方面中去。這完全是理所當然的。誰宣佈說資本主義生產方式即現代資產階級社會『鉄則』不可侵犯，同時又想消除它們所產生的種種不快意但却是必然的後果，他就別無他法，只好向資本家作道德的說教，這種說教的動人作用一受到私人利益影響，必要時一受到競爭影響，就立刻消散下去。這種道德說教，恰與一隻母雞在池邊向它所孵出的在池內活潑游泳的小鴨諄誡相似。雖然水上沒有木頭，小鴨總是在水上走動；雖然利潤沒有心靈，資本家總是趨求利潤。『在金錢問題上無心情可言』——老漢則曼曾這樣說過，關於這一點，他比查克思先生了解得較爲透澈些。

『良好的住宅很貴，因此大部分工人都完全沒有可能去享受它。大資本…畏避建造住房供各勞動者階級享用…因而這些階級在滿足自己對住房的需要時，就大部分落入投機事業羅網裏去。』

可惡的投機事業！大資本自然是決不會從事投機的呵！但是，阻礙大資本在工人住房方面投機的不是什麽邪惡的意旨，而只是自己的無知：

『房主並不知道，正常滿足住所需要一事該有…多麼巨大和重要的作用；他們不知道，他們如此不負責地照例供給人們以惡劣而有害的住所，該要使人們受到怎樣的損害；最後，他們不知道，他們這樣作就使自己受到怎樣的害處』（第二七頁）。

但是，資本家的無知一定要有工人的無知來補充，才可使住宅缺乏現象發生出來。查克思先生承認說『最下層』工人『爲了不致弄得完全沒有片瓦遮頂，總得（！）在什麽地方尋找一個安身過夜的處所，因而他們在這方面是完全零丁孤苦，無能爲力』之後，就向我們敘說道：

『大家知道，他們（工人）中間有好多人由於輕率，但主要是由於無知，幾乎是巧奪天工地使得自己的身體失去自然發展和健全生存的條件，絲毫也不懂得合理的衛生，特別是不懂得住所在這方面有着何等巨大的意義。』（第二七頁）

但是這裏，資產者的驢耳朵就伸出來了。資本家的『罪過』已消散於無知之中，而工人的無知則只是用作認定他們有罪的理由。請聽一聽吧：

『這樣，結果就是（正是由於無知）只要能節省一點房租，他們就落居在陰暗、潮濕、狹窄的住所裏，一句話，落居在對一切衛生要求都是一種嘲弄的住所裏…，而且往往是幾家人共同租一個住宅，甚至共同租一個房間——這一切都是爲了少花一點房錢，同時他們却又把自己的收入眞正自作孽式地浪費在喝酒和種種無聊娛樂上面。』

工人把金錢『浪費在烟酒上面』（第二八頁）；『像一塊絆脚的石頭把工人等級再三拖進泥污的酒舘生活及其一切悲慘後果』，——這就確實像一塊石頭梗塞在查克思先生喉嚨裏。至於在現存的這種關係下，工人喝酒，也正像傷寒、犯罪、虱蚤、衙吏和其他社會病

36—1966

害一樣，是他們生活狀況的必然產物，以致可以預先計算出耽於醉酒的平均人數來，這一點又是查克思先生不宜知道的。不過，我的一位舊日學校老師就常說過『平民進酒館，老爺跑戲院』這句話，而因爲我到這兩種地方都去過，所以能夠證實這話說得正確。

認爲雙方『無知』的這一套廢話，歸結起來無非是主張調和勞資利益的陳詞濫調。如果資本家知道了自己的眞正利益，他們就會供給工人良好的住所，並且一般地會改善工人的狀況；如果工人認識了自己的眞正利益，他們就不會舉行罷工，不會醉心於社會民主運動，不會參與政治，而會俯首貼耳地聽從自己的資本家長官。可惜雙方都認爲自己的利益完全不在查克思先生及其無數前輩所宣傳的那一點上。勞資調和的福音到現在已經宣傳了五十年，資產階級的慈善家已花了不少金錢企圖用設立模範機關來證明這種調和，可是實際情形，如我們往下就會看到的那樣，在這五十年內絲毫也沒有改變。

我們的作者現在就來實際解決問題。蒲魯東要把工人變成自己住房所有者的計劃該是多麽缺乏革命性，這單只從如下一件事實中就可看出：資產階級社會主義早在蒲魯東以前就已企圖——並且現在還在企圖——實際上實現這個計劃。查克思先生也宣稱，住宅問題只有使住宅所有權轉歸工人才可完全解決（第五八和五九頁）。不僅如此，他一想到這裏就詩興大作，發出如下一套興奮的議論：

『在人對於土地所有權的特有眷戀心情中，在這種連現代劇烈活動的營利生活也不能減弱的意向中，包含有一種獨特的東西。這就是人不自覺地感到作爲經濟上獲得的土地所有權具有重要的意義。人一獲得了土地所有權，也就獲得了鞏固的地位，彷彿是在地裏植下了牢固的根，因而每一戶家務（！）都從土地所有權中獲得最穩固的基礎。然而，土地所有權的賜福的力量還遠超出這些物質利益之外。誰有幸能把一塊土地稱爲自己的東西，他就達到了可能想像的最高度的經濟獨立地位；他就有一個能獨自隨意處理的領域，他就成爲自己的主宰，他就有一定的力量，在困難的日子裏就有可靠的避難所；他的自我意識就增長起來，從而他的道德力量也增長起來。因此所有權在這個問題上便有深刻的意義…這樣一來，現在無可奈何地聽命於市面情況的變動，經常依靠於自己僱主的工人，就會在某種程度上擺脫這種不穩定的境況；他會成爲資本家，並且由於他能因此以不動產作抵而獲得信貸，就可以免除因失業和喪失勞動能力而招致的種種危險。通過這種辦法，他就會從無產者階級升爲有產者階級。』（第六三頁）

查克思先生大概假定人本質上就是農民吧；否則他就不會硬說我們大城市中的工人懷有眷戀土地所有權的心情，懷有這種至今還沒有人在大城市工人身上發現過的心情。對於我們城市工人說來，遷移自由是首要的生活條件，而土地所有權對於他們只能成爲一種鎖鏈。如果使他們具有自己的房屋，把他們重新束縛在土地上，那就是破壞了他們抵抗工廠主壓低工資的力量。個別的工人也許偶然能賣出自己的小屋子，但在發生嚴重罷工或工業普遍危機的時候，一切被此種事變牽連的工人所有的房屋都要交到市場上出賣，因而這些房屋或者是完全找不到買主，或者是賣得遠遠低於成本。縱然它們都找到了買主，但查克思先生的全部偉大的住宅改良計劃又會是毫無效果，因而他又須重新從頭做起。不過，詩人總是生活在想像世界中；查克思先生也是如此，他想像土地所有者已『達到最高度的經濟獨立地位』，已有着『可靠的避難所』，已在『成爲資本家，並且由於他能因此以不動產作抵而獲得信貸，就可以免除因失業和喪失勞動能力而招致的種種危險』等等。可是讓查克思先生去仔細看一看法國的和我們萊茵河流域的小農；他們的房屋和田地都是抵押得很重，他們的收成在收割前已屬於債主，在他們的『領域』中獨自隨意處理的不是他們自己，而是高利貸者、律師和衙吏。這的確是可想像的最高度的經濟獨立地位了，但這是對…高利貸者說哩！而爲了要使工人們能儘量迅速地把自己的小屋子讓歸高利貸者獨自處理，善意的查克思先生就向他們慇懃地指出他們可能以不動產作抵而獲得信貸，他們在失業和喪失勞動能力時可以利用這種信貸，不必加重慈善救貧事業的負担。

36*

無論如何，查克思先生現在已把開始時提出的問題解決了：工人因獲得自己的小屋子而『成爲資本家』了。

資本就是對他人無償勞動的支配。因此，只有當工人把自己的小屋子租給第三者，並在租金形態下攫取這第三者的一部分勞動生產品時，他的小屋子才成爲資本。但是，工人自己既居住在屋子裏，也就不讓這屋子變成資本，正如我從成衣匠那裏買來的衣服一穿上身，衣服就不再是資本一樣。擁有價值一千台婁爾的小屋子的工人，的確不再是無產者了，然而只有查克思先生才能稱他是資本家。

但是，我們這個工人的資本家面貌還有其另一方面。我們且假定，在某一工業地區裏，照例是每個工人都有他自己的小屋子。在此種場合，這個地區的工人階級享用着免費的住宅；住宅費就不再算入工人的勞動力價值以內。但是，勞動力生產費用的任何降低，即工人生活必需品價格的任何長期降低，『根據國民經濟學的鐵則』，就等於勞動力價值的降低，因而歸根到底就引起工資相應的降低。這樣，工資就會依照所節省的平均租金數量而平均跌落下去，即工人還是爲他自己的房屋支付了租金，不過不是如先前那樣把錢交給房東，而是以無償勞動的形式交給他爲之作工的廠主。這樣，工人所投在小屋子上面的儲蓄確實會成爲一種資本，但不是歸他自己所有的資本，而是歸那僱用他作工的資本家所有的資本。

這樣，查克思先生甚至連在紙面上把自己的那個工人變成資本家也做不到了。

附帶說一句，上面所說的話對於一切所謂社會改良辦法都可適用，因爲一切所謂社會改良辦法都是歸結爲節約或降低工人生活資料的費用。或者這些改良普遍推行起來，那時工資也就會相應地降低；或者它們終歸是單個的實驗，那末它們作爲個別例外情形的存在，就不過是證明大規模實現這種改良辦法與現存資本主義生產方式不相容罷了。我們且假定，某個地方由於普遍採用消費合作社已使工人生活資料費用降低了百分之二十吧；那末這個地方的工資經過一些時候就會大約降低百分之二十，降低得適合於那些生活資料費用在工人收支總額中所佔的比率。譬如說，假若工人在這些生活資料上平均花費自己一週工資的四分之三，那末工資終於會降低 $^3/_4 \times 20 = 15\%$。簡言之，只要這種節約方面的改良辦法一旦普遍推行起來時，工人的工資就會按照由於他的節約而使生活便宜的比率減少下去。如果每年每個工人通過節約獲得五十二台斐爾的獨立收入，那末他的每週工資終於一定要降低一台斐爾。 因此，他愈節約，他所得到的工資就愈少。因此，他節約不是爲了自己的利益，而是爲了資本家的利益。還需要有什麽東西來『最堅决地激起他…去實行節約，去確守這個首要的經濟德行呢？』（第六四頁）

不過，查克思先生也接着就向我們說，工人應當成爲房主，與其說是爲了他自己的利益，倒不如說是爲了資本家的利益：

『要知道，不僅工人等級，而且整個社會都極其關心要使自己儘可能多的成員依附於（！）土地（我很想看一看處於這種地位的查克思先生）。…土地所有權…能減少進行反對有產階級統治鬥爭的人數。當工人自己通過這種辦法轉化爲有產者階級時，所有那些把我們脚下熾熱的叫作社會問題的火山燃成火燄的潛伏力量，即無產階級的惱恨，憎惡…等危險的錯誤思想…都一定會像晨霧在朝陽面前那樣完全消失下去。』（第六五頁）

換句話說，查克思先生希望，工人由於自己無產階級地位的變遷，即因獲得房屋而發生的變遷，也就會喪失自己的無產階級性質，而重又成爲恭順的奴僕，猶如他們那些也有過自己房屋的祖先一樣。蒲魯東主義者應該考慮到這一點。

查克思先生以爲他這樣就把社會問題解決了：

『福利的更加公平分配，——這一已由許多人徒然企圖解決過的人面獸式的啞謎，——現在對我們說來不是可以具體感觸到的事實嗎，它不是因此就脫離理想領域而進入現實領域嗎？這一點如果實現了，那不就是達到了甚至最極端派的社會主義者也當作自己理論高峯的最高目的之一嗎？』（第六六頁）

我們已攀登到這個地方，眞是幸運。這一聲歡呼正是查克思先生書中的『最高峯』，由此作者就又慢慢地走下山去，從『理想領域』降到平凡的現實；而當我們已降下去時，就會發現那裏在我們不在場的時候，原來是絲毫也沒有什麽改變，眞正是絲毫也沒有什麽改變哩。

我們的嚮導叫我們往山下走第一步的時候，便敎導我們說，存在有兩種工人住房制度：一種是小房制度，這裏每個工人家庭都有一幢小屋子，而且還可能有一個小花園，如在英國一樣；另一種是營房制度，這裏每所大房屋內包括有許多工人住宅，如在巴黎、維也納等等地方一樣。介乎兩者之間的是北德意志式的制度。誠然，小房制度是唯一正確的和唯一能使工人得到自己房屋所有權的制度；營房制度則對於健康、道德和家庭安寧都有很大的缺點，——但是可惜得很，正是在住宅缺乏的中心地點，在大城市裏，小房制度因地價昂貴而不能實行，只要那裏不是修建大營房而能建造包括四至六個住宅的房屋，或者用各種建築上的巧妙方法把營房制度的最重大缺點消除，也就應該感到滿足了（第七一至九二頁）。

我們不是已經往下走了一大段路嗎？把工人變成資本家，解決社會問題，使每個工人有自己的房屋，——所有這些都留在高高在上的那個『理想領域』裏了；現在我們已只好在各處鄉村裏實行小房制度，而在城市中則只是把工人營房安排得儘可能像樣些。

這樣，資產階級解決住宅問題的辦法，就因碰到城鄉對立而顯然遭到失敗了。這裏我們就達到了問題的中心點。住宅問題，只有當社會已經改革到使人可能着手消滅城鄉對立，消滅這在現代資本主義社會裏已弄到極端地步的對立時，才能獲得解決。資本主義社會決不能消滅這種對立，反而不得不使它日甚一日地尖銳化。現代第一批空想社會主義者歐文和傅立葉已經正確地認識了這一點。在他們的模範結構中，城鄉對立已不存在了。因此，這裏的情形恰好與查克思先生斷定的相反：並不是解決住宅問題同時使社會問題得到解決，而只是由於解決社會問題，即由於廢除資本主義生產方式，才使解決住宅問題成爲可能。要想解決住宅問題而又把現代的大城市保留起來，那是很荒謬的。但是，現代的大城市只有在消滅了資本主義生產方式時才能被廢除，而當消滅資本主義生產方式一事開始進行時，問題就會不是在於務使每個工人都有自己的小屋子，而是在於完全另一種事情了。

但是，每一社會革命都是起初不免要拿起現有的東西，並且憑藉現有的手段來矯正最難容忍的弊害。上面我們已經看到：把屬於有產階級的豪華住宅一部分實行剝奪，並把其餘一部分強迫徵用，就可以立刻幫助把住宅缺乏現象消除。

如果查克思先生往後又從大城市的存在出發，大談特談那些應當建立在大城市附近的工人殖民區，如果他描寫了這種工人殖民區的一切美點，如公共『自來水、煤氣燈、暖氣或熱水裝置、洗衣所、晾晒場、浴室等等』，還有『托兒所、學校、祈禱室（！）、閱覽室、圖書館…葡萄酒和啤酒貯藏窖、舒適的設備齊全的跳舞廳和音樂廳』，還有那貫通一切房屋並能『使生產在某種程度上從工廠重又回到家庭作坊』的蒸汽發動機，——那末這一切也是絲毫不能使情形有所改變的。他所描寫的殖民區是古貝爾先生直接從社會主義者歐文和傅立葉那裏抄襲過來，並且已因一筆勾去一切社會主義成份而完全具有了資產階級的性質。然而正是因此它就完全變成空想的了。任何一個資本家都沒有絲毫興趣來建立這樣的殖民區，並且除了在法國的幾塞建立的那個殖民區而外，世界上任何地方都不存在有這樣的殖民區了；況且那個殖民區也是由…一個傅立葉主義者並非爲了營利的投機事業建立起來，而是作爲社會主義實驗建立起來的[1]。同樣，查克思先生也可以援引四十年代初由歐文在罕布什

[1] 並且這個殖民區也終於成了剝削工人的地方。見一八八六年巴黎社會主義者報。（這是恩格斯爲一八八七年版加的附註。）

爾所建立而久已滅亡了的那個共產主義『諧和』殖民區，來支持自己的資產階級杜撰方案哩。

然而，所有這些關於建立殖民區的議論，都是無聊地企圖再度飛向『理想領域』，接着便要立刻墜落下來。我們現在又大踏步地走下山來了。現在最簡單的解決辦法就是：『要僱主即廠主幫助工人得到合適的住房，或者是由自己出錢修建住房，或者是鼓勵和幫助工人自己進行建築，供給他們地皮，貸給他們建築資金等等。』（第一〇六頁）。這樣一來，我們就又落到根本談不到這類事情的大城市範圍以外，又移到鄉村裏去了。這裏查克思先生證明說：廠主自己關心要幫助自己的工人得到勉強可住的房屋，一方面因為這是有利的投資方法，另一方面也因為必然『由此產生的工人生活的提高…一定會使肉體的和精神的勞動力跟着增進，這自然…同樣…是對僱主有利的。而這樣一來，也就確立了關於僱主參加解決住宅問題的正確觀點：這種參加是無形組合的結果，是僱主大半隱蔽在人道主義努力的外衣下對於工人們肉體、經濟、精神和道德福利關懷的結果，這種關懷在金錢方面自然要因產生應有的結果而獲得報酬，即因吸引和保存許多有工作能力、熟練、勤勞、知足和忠實的工人而獲得報酬哩。』（第一〇八頁）

古貝爾想出『無形組合』一語，是企圖給資產階級慈善家的矯揉造作加上一些『崇高的意思』，但是這個詞句絲毫也沒有使事實有所改變。農村地區的大工廠主，尤其在英國，沒有這個詞句也早已確信到，修建工人住房不祇是一種必要的措施，不祇是工廠建築工程本身的一部分，而且還帶來豐厚的收入。在英國，許多村鎮就是這樣產生出來，其中有一部分後來已發展為城市了。可是工人並不感謝慈善為懷的資本家，很早以前就對這種『小房制度』提出了十分嚴重的抗議。問題不僅在於他們必須為房屋付出壟斷性的價格，因為工廠主沒有競爭者；在每一次罷工的時候，他們立刻就無家可歸，因為工廠主立刻就不問分曉地把他們趕出去，使得任何反抗都極難進行。

至於詳細情形，可以參看我寫的英國工人階級的狀況一書第二二四頁和第二二八頁。但是，查克思先生認爲此種論據『未必值得駁斥』（第一一一頁）。然而，難道他不是想使工人有對於自己小屋子的所有權嗎？當然是想呵。但是，既然連『僱主也應隨時能支配住房，以便解僱了一個工人時能有地方讓補替者安身』，所以…當然就應該『預先通過特殊協定來廢止所有權，以便適應這種情形了！』[1]（第一一三頁）

這次我們就出乎意料的迅速跑到最底下來了。起初是說工人應有對於自己小屋子的所有權；隨後是對我們說，這在城市中不可能辦到，只有在鄉下才能實行；現在人們却對我們說，這種所有權在鄉下也應該『可能通過特殊協定來廢止』了！隨着查克思先生給工人所發現的這種所有權，隨着工人這樣轉化爲『可能通過特殊協定來廢止』的資本家，我們就又平安地回到了塵凡，而在這裏我們就可以研究資本家和其他慈善家在解決住宅問題上眞正做了些什麽了。

（二）

如果聽信我們的查克思博士所說的話，那末資本家老爺們現在已經作出了許多事情來減輕住宅缺乏現象，並且這就證明住宅問題可能在資本主義生產方式基礎上解決。

首先，查克思先生就把我們引到…波拿巴主義的法國去！大家知道，路易•波拿巴在巴黎世界博覽會時期任命了一個委員會，似乎

[1] 在這一方面，英國資本家也早已不祇實現了而且還遠遠超過了查克思先生一切隱秘的心願。一八七二年十月十四日（星期一）在莫爾培特城內，法庭爲了審定國會選舉人名册，不免要宣判關於二千名鑛工申請把他們登入名册一事的決定。結果發現出：依據這些人在那裏工作的鑛場的規章，他們大多數都不是被視爲他們所住的那些小屋子的租賃者，而只是一些被恩准住在那裏的人，不經任何預告就可隨時被驅逐出去（鑛山主和房主當然是同一個人）。法官判決說，這些人並不是什麽租賃者，不過是些僕役，因此他們是無權被登入名册的（每日新聞報，一八七二年十月十五日。）（這是恩格斯加的附註。）

是爲了草擬關於法國勞動者階級狀況的報告，實際上則是爲了增大帝國榮譽而把這種狀況描寫成眞正天堂式的狀況。於是查克思先生就來引證由波拿巴制度最貪汚的僕役所組成的這個委員會的報告書，特別是因爲它工作的結果，『據專門爲此任命的委員會自己所說，對於法國是充分完備的』！這些結果是什麽呢？在提供了報告的八十九個大工業企業中間，包括股份公司在內，有三十一個完全沒有修建工人住房；在已經修建起來的住房中，依照查克思先生自己的估計，頂多容納得了五萬至六萬人，而且各個住宅幾乎盡是一家人只住兩個房間！

不言而喻，每一個資本家，若被自己的生產條件——水力、煤坑、鉄礦礦層及其他礦苗等等的位置——束縛在一定的鄉村地方，而又沒有現成的住房可供工人居住，都不得不給自己的工人修建住房。但是，要把這看作是『無形組合』存在的證明，把這看作是『對於問題及其崇高意義的進一步理解的明顯證據』，把這看作是『大有前途的開端』(第一一五頁)，——那就須要具備有極其慣於自欺的本事了。但是，各國工業家就在這方面也因各自具有穩定的民族特性而有所不同。例如，查克思先生在第一一七頁上向我們說：

『在英國只是最近才看得出僱主在這方面的加強的活動。特別是在遙遠的鄉村住區裏…——工人從最近的地方走到工廠去也往往要通過很長的路程，在上工時已經十分疲乏，不能充分發揮工作效能，——這種情況就是促使僱主爲自己的工人修建住房的主要原因。同時，對此種關係有較深理解，因而或多或少把住房改良一事和其他一切無形組合要素結合起來的人數，也愈來愈多；而這些繁榮殖民區的產生正應歸功於他們。…海德地方的亞世頓，屠爾頓地方的亞世渥特，布立地方的格蘭特，波林頓地方的格雷格，里子地方的馬錫爾，白爾培地方的斯特列特，索爾特爾地方的索爾特，科普力地方的亞克羅德等等，都由於這點在聯合王國享有盛名。』

神聖的樸實，更其神聖的無知！英國的農村工廠主只是『最近』才在修建工人住房！不是呵，親愛的查克思先生，英國資本家——不僅就錢袋講來，而且就腦袋講來也都是眞正的大工業家。早在德國出現眞正大工業以前，他們就已經明白：在農村工廠生產方面，修建工人住房的支出是全部投資中直接或間接十分有利的必要部分。早在俾斯麥和德國資產者之間進行的鬥爭給予德國工人以聯合自由以前，英國的工廠主、礦山主和採礦廠主已在實踐上確信到，假若他們同時又是這些工人的房東，他們對於罷工的工人該能施加何等大的壓力。格雷格，亞世頓，亞世渥特之類的『繁榮殖民區』只是這樣在『最近時期』才建立起來，以致它們在四十年以前已經被資產階級當做模範加以宣揚，而我自己在二十八年前也已經把它們描寫過了（見英國工人階級的狀況，第二二八至二三〇頁，附註）。馬錫爾和亞克羅德（Akroyd——人們這樣寫他的姓氏）所創立的殖民區也差不多是這樣老，斯特列特的殖民區年代更遠，它在十八世紀就開始萌芽了。既然英國工人住房的存在年限平均計爲四十年，那末查克思先生就用手指也可算出這些『繁榮殖民區』現在該是處在什麼樣的傾圮狀態了。此外，現在這些殖民區大多數已不是位置在鄉下；由於工業的巨大擴展，這些殖民區大多數已被工廠和房屋那樣緊密地包圍起來，以致它們目前已位置在有兩萬、三萬以至更多居民的汚穢多烟的城市中間，——但這並不妨礙德國資產階級科學今天還以查克思先生爲代表來恭敬地重複着一八四〇年的英國老讚美歌，雖則這些讚美歌早已不合於現實情況了。

特別要提到的是老亞克羅德。這位勇士無疑是個十足的慈善家。他是這樣厲害地愛自己的工人，尤其愛自己的女工，以致約克夏州內跟他競爭而不如他那樣仁慈的人們常常說：在他的工廠中做工的全都是他自己的兒女呀！可是，查克思先生斷言道：在這些繁榮殖民區，『私生子愈來愈少了。』（第一一八頁）。完全正確，沒有結婚生出來的私生子減少了：在英國工廠區中，漂亮的姑娘出嫁是很早的。

在英國，緊靠每個鄉村大工廠並且是與工廠同時興建工人住房，這在最近六十年以至更多年以來就已經成了通例。前面已經提到過，許多這種工廠村鎮後來已變成了整個工廠城市所環繞的核心，並且有着工廠城市所帶來的一切弊害。因此，這些殖民區並沒有解決住宅問題，而是第一次在本地方造成了這種問題。

反之，那些在大工業方面遠遠落後於英國，只是從一八四八年起才眞正認識了什麽是大工業的國家裏，即在法國，尤其是德國，情形就完全兩樣了。這裏只有一些巨型冶金工廠（如克勒索的司乃得工廠和埃森的克魯伯工廠）廠主猶豫了許久以後才決定修建一些工人住房。大多數鄉村工業家都讓自己的工人冒着炎暑或雨雪在淸晨步行幾英里到工廠，晚上再步行回家。這種情形，在多山的地區，如法蘭西的和亞爾薩斯的佛日山區，在萊茵—威斯特發里亞區的伏培貝爾河、玆格河、亞格爾河、列納河及其他河流的沿岸地方，是特別常見的。在礦山地區，情形也不見得好些。不論在德國人和法國人那裏，都有着同樣可鄙的吝嗇作風。

查克思先生分明知道，無論是大有前途的開端也好，或是繁榮的殖民區也好，都絲毫沒有什麽意義。因此，他就企圖向資本家表明，說他們能從修建工人住房方面獲取多麽巨大的收入。換句話說，他企圖向他們指出一個欺騙工人的新方法。

首先，他給他們舉出部分具有慈善性質，部分具有投機性質的許多倫敦建築公司做例子，這些公司已獲得了百分之四至六以及更多的純利。至於投在工人住房上面的資本帶來很好的收益，——這用不着查克思先生來向我們證明。向工人住房投進的資本不比現在所投資本更多的原因，是由於昂貴的住宅給所有者帶來更大的利潤。因此，查克思先生給資本家的忠告仍然不過是一種道德的說敎罷了。

至於這些據查克思先生鼓吹說具有輝煌成績的倫敦建築公司，那末這些建築公司，據他自己所作的估計（而他却把任何一種建築投機事業都包括進去了），也總共只是以住所供給了二千一百三十二個家庭和七百零六個單身漢，即總共還不滿一萬五千人！像這一類的兒戲，在德國居然有人敢於煞有介事地把它描繪作重大的成功，其實單是在倫敦東部，就有一百萬工人在極其惡劣的住宅條件下生活！所有這些慈善的意向，事實上都是如此可憐和微不足道，以致英國專論工人狀況的國會報告書連提也沒有提到哩。

在這整篇內所暴露出的對倫敦情況的可笑的無知，我們在這裏就不用去說了。我們只指出一點。查克思先生以爲索和區內供單身漢住宿的客棧歇業，是因爲在這個地方『不能指望有很多顧客』。大概，查克思先生想像整個倫敦西部都是一個繁華的城市，殊不知緊接着極華麗街道就是極汚穢的工人區域，例如索和就是其中之一。查克思先生所提到而我在二十三年前就已知道的索和模範客棧，起初是客人很多，但它後來已經歇業，原因只在於這裏已完全不堪住宿了。而且這還是最好的客棧之一哩。

而亞爾薩斯的慕爾豪森工人鎭呢——難道這不是一個成就嗎？

慕爾豪森的工人鎭是大陸資產者引以自傲自誇的一個地方，正如亞世頓、亞世渥特、格雷格一類曾一度繁榮過的殖民區是英國資產者引以自傲自誇的地方一樣。可惜這個鎭不是『無形』組合的產物，而是法蘭西第二帝國與亞爾薩斯資本家的完全公開組合的產物。它是路易·波拿巴的社會主義實驗之一。國家曾爲這個實驗墊付了三分之一的資本。在十四年內（直至一八六七年止），依照一套在人們對於此事理解得較好的英國一定行不通的惡劣制度修建了八百所小屋子；工人們必須在十三至十五年內每月付出昂貴的房租，然後才可獲得這些房子的所有權。我們往下就可看到，這種獲取所有權的方法在英國建築合作社裏早已被採用，並不是由亞爾薩斯的波拿巴主義者把它初次發明出來。爲贖買房屋而付出的額外房租——和英國比起來——相當高；例如，工人在十五年內漸次付出四千五百法郞以後，才可取得一所在十五年前値三千三百法郞的房屋。一個工人若要遷移或者哪怕只有一個月不能按期付款（在這種場合，他就可被逐出去)，人家就按房屋原價的百分之六又三分之二計算他的年租（例如，房價值三千法郎時，每月就爲十七法郎），而把餘數退還給他，但不付分文利息。十分明白，在這種情形下，建築協會——且不說有『國家幫助』——是要大發其財的。同樣十分明白，在這種條件下所供給的住房，只因爲它是位於城外半農村的地方，也就要比城市內的舊的營房式的住房好些了。

關於在德國所實行的幾處可憐的實驗，甚至連查克思先生也在第一五七頁上承認說它們微不足道，我們就用不着去講什麼了。

這些實例究竟是證明什麼呢？僅僅是證明：修建工人住房一事，縱然不違反一切衞生法則，也只是提供着資本主義的收益。但是，這點從來也沒有人否認過，這點我們大家早已知道了。任何滿足某種需要的投資，在合理經營下總是會獲得收益的。全部問題僅僅在於：雖然如此，而住宅缺乏現象爲什麼仍然繼續存在呢；雖然如此，而資本家爲什麼還是不設法用充分數量的良好住所供應工人呢？這裏查克思先生又只好向資本提出勸告，而對於問題却終究沒有給予答覆。對於這個問題的眞正答覆，我們在上面已經提供出來了。

資本即使能夠辦到，也不願意消除住宅缺乏現象，這點現在已經完全確定了。於是只剩下其他兩個出路：工人自助和國家幫助。

查克思先生是自助辦法的熱烈崇拜者，他在住宅問題方面也善於談述自助辦法的奇蹟。可惜他一開始就不得不承認：自助辦法只是在已經實行或可能實行小房制度的地方，即仍然只是在農村地方，才可能有少許成就；而在大城市中，甚至在英國，則是只能在極有限的範圍內實行。然後，查克思先生就喟然長嘆道：『憑藉這個方法（憑藉自助辦法），改良只能間接實行，因而經常只能不完備地實行，亦即只能在私有制原則有力量影響住房質量的限度內實行』。並且這也還很成問題；無論如何，『私有制原則』對於我們這位作者作風的『質量』沒有起過絲毫改進性的作用。雖然如此，自助辦法在英國却產生了這樣的奇蹟，以致『由於實行了自助辦法，在其他各方面爲解决住宅問題所作出的一切，都遠遠被超過了。這裏指的是英國的建築協會（building societies），而查克思先生之所以特別詳細研究它們，是因爲『關於它們的實質和活動一般流行有很不充分或錯誤的意見。英國的建築協會並不是…什麽建築協會或建築協作社，用我們的語言來講時倒應該把它們叫做『置備房屋協會』；這種協會的目的是要由會員繳付定期會費來構成基金，依資金積累程度從這筆基金中發給會員們貸款去購買房屋…因此，建築協會對於一部分會員說來是儲金局，對於另一部分會員說來是借貸庫。這樣，建築協會是一種旨在滿足工人需要的抵押信貸機關，主要是利用…工人貯蓄…扶助他們的存款同伴去購買或修建房屋。可以料想到，這種貸款是以相當的實際價值作抵發放，並且規定短期分批付款淸償，包括本息和折舊費在內…利息並不支付給存款人，而總是按照複利計算記在他們名下…如果想要把存款連同積累利息一併取回…那末只要在一個月前預先聲明，就可以隨時辦到了』（第一七〇至一七二頁）。『這樣的協會在英國有兩千多個…其中收集的資本約有一千五百萬鎊，並且已經約有十萬個工人家庭通過這種方式置備了自己的家屋；這是很難比擬的社會成就』（第一七四頁）。

可惜，這裏也有一個不可避免的『但是』跟着蹣跚地走來。『然而問題還並不就此得到完全解决，這至少是因爲置備房屋一事…只有收入較好的工人才能做到…並且對於衞生條件也很少予以注意』（第一七六頁）。在大陸方面，『這種協會…只能找到很有限的發展地盤』。這種協會是以存在有小房制度爲前提，但小房制度在這裏只是鄉下才有；而鄉下的工人却還沒有充分發展到能實行自助辦法的地步。另一方面，在眞正建築協作社可能出現的城市中，它們又遇到『各種很顯著和嚴重的困難』(第一七九頁)。這些協作社只能修建小房，而這在大城市中是行不通的。一句話說，『這種協作式的自助辦法』『在現在的條件下不能——而且在最近的將來也未必能——在解決當前問題方面起主要作用』。這種建築協會還只『處在尚未發展的始初萌芽階段』。『甚至在英國也是如此』（第一八一頁）。

總之，資本家不願意，工人則不能夠。我們本可把本篇論述就此結束了，不過還絕對必須對英國建築協會稍加說明，因爲叔爾茨—德里奇式的資產者總是把這種建築協會擺出來當做供我國工人仿傚的模範哩。

這些建築協會完全不是工人的團體，它們的主要目的完全不是使工人置備歸自己所有的房屋。相反，我們往下就會看到，工人置備房屋只是罕有的例外情形。這種建築協會本質上是投機性的組織，並且那些小規模的——即始初形態的——建築協會也如它們的大規模的模仿者一樣都是如此。在某一個酒館中，——通常是由酒館主人發起，然後就每星期在他這裏開會一次——一些經常在座的顧客及其朋友們，如小店主、店員、推銷員、小手工業者和其他小資產者，有的地方還有某個機器製造業工人或其他某個屬於本階級貴族階層的工人，湊成一個建築協作社。最近的起因，通常是酒館主人打聽說在隣近一帶或其他某處地方有一塊地皮按比較不貴的價格出售。大多數參加者，按自己的職業說，都不拘束於什麽固定的地方；甚至有許多小店主和手工業者在城內只有營業地方，沒有住所；誰只要有可能做到，都情願住在烟霧瀰漫的城市以外的地方。買了一塊建築的地皮，就在這裏修建起儘可能多的小房來。較富裕會員們湊出的貸款使得有可能購買地皮；每週繳納的款項，再加上一些小額借款，就足敷每週的建築費用。那些想置備自己住房的會員，憑抽籤分得現成的小房，並以支付附加租金償清買價。其餘的小房就實行出租或出賣。建築協會本身，在它生意順利的時候，就積聚起或大或小的財產，這筆財產在會員們還交納會費時便歸會員們所有，並且不時或是在協會停閉時由他們彼此分配。英國建築協會十有九個的經過情形就是如此。其餘的則是較大的協會，往往是在政治的或慈善事業的藉口下成立起來，但它們的主要目的終究是要藉進行地產投機，使小資產階級的貯蓄能有較好的投放處所，使其有抵押作保證，獲得優厚的利息，並且可望分得紅利。

至於這些建築協會究竟是指望着哪一類的會員，這可從一個極大的，甚至可以說是一個最大的協會營業說明書中看出。設立在倫敦的『昌塞利巷，掃桑普敦屋二十九號和三十號，柏爾培克建築協會』——其收入自成立以來已達一千零五十萬鎊（合七千萬台斐爾），其存入銀行和投入國家證劵的款項在四十一萬六千鎊以上，其會員和存款人數現在達二萬一千四百四十一名，——曾用如下一段話自我介紹說：

『許多人都知道所謂鋼琴廠主三年制度，其內容是凡租賃鋼琴三年者在此期限完結時卽成爲鋼琴所有人。在採用此種制度以前，收入有限的人們很難置備一架良好鋼琴，正如很難置備一所自己的住房一樣；人們年復一年地支付鋼琴租金，所化費的金錢比鋼琴價值大兩三倍。但是，在鋼琴方面採用的辦法，在房屋方面也可以採用…然而由於房屋比鋼琴要貴…需要有較長期限才可通過繳付租金償淸買價。所以，經理們便與倫敦城內各處和郊外各處房主成立協定，因此經理們就有大量房屋可讓柏爾培克建築協會會員及其他協會會員在城市各處地方挑選。經理們打算遵循的這個制度有如下述：房屋出租期限爲十二年半，期滿之後，如果房租繳納得按期無誤，住房就成爲承租人絕對所有產，無須再付其他任何款項…承租人也可以商定增加租金來把期限縮短，或減低租金來把期限延長…凡屬收入有限的人們，卽在大小商店中服務的人員等等，一加入柏爾培克建築協會，便可立刻脫離任何房東而獨立』。

這都是說得夠明白的。絲毫也沒有提到工人，同時却講到了收入有限的人們，卽在大小商店中服務的人員等等；並且還假定顧客們通常已擁有一架鋼琴。的確，這裏說到的根本不是工人，而是小資產者和那些想要成爲並且能夠成爲小資產者的人們，他們的收入雖然在一定限度內，但一般總是逐漸增長起來，如店員及具有同類職業的人們那樣。工人的收入至多是名義上沒有變更，實際上

37—1966

則是隨着家庭人口增加和需要增長而降落下去。事實上只有很少數工人才能作爲例外參加這種協會。他們的收入爲數太少，並且太不可靠，不能預先承担十二年半的義務。不屬於這種情況的少數例外，若不是報酬最優的工人，便是工廠監工[1]。

然而，每個人都明白，慕爾豪森工人鎭的波拿巴主義者不過是英國這些小資產階級建築協會的可憐模倣者罷了。不同處只在於波拿巴主義者雖然得到國家的補助，却比這些建築協會更爲厲害得多地欺騙自己的顧客。他們的條件大體說來是比英國平均的條件更爲苛刻的；在英國，對每次繳納的款項都計算出利息和複利，並且在原主申請後經過一個月的時候便全部退還原主，而慕爾豪森的工廠主則把普通利息和複加利息一併納入腰包，只把原來用五法郎硬幣繳納的基本數額退回。沒有人會比查克思先生對於這個差異更感到驚訝，殊不知這一切都是在他的書中說到了的。

這樣，工人自助辦法也是不會有什麼結果。剩下的只是國家補助了。查克思先生在這一方面能向我們拿出什麼東西來呢？能拿出如下三件東西：

[1] 關於倫敦城內建築協會的經營情況還須在這裏作一個小小的補充說明。大家知道，倫敦的地皮幾乎全部屬於一打左右的貴族，其中最顯貴的是威斯特米士特爾公爵，培德佛爾德公爵和波爾特蘭德公爵等人。起先這些人把一些單個建築地皮出租九十九年，期滿後就把地皮以及地皮上一切東西收歸己有。然後他們就限定較短期間，例如限定三十九年，把這些房屋按照所謂附帶修繕租賃(repairing lease)條件租出去，承租人應依照這個條件把房屋修理得適於居住，並且繼續保持這種狀態。締結這種契約以後，土地所有者就立刻派遣自己的建築師和該區建築警官（ surveyor）去視察房屋狀況並確定必需修繕程度。修繕工程往往都是很大，直到必須修復全部前牆、屋頂等等。那時承租人便把租約當作抵押保證交給建築協會，從這裏借取必需的款項，——每年付租金一百三十至一百五十鎊時可以借到一千鎊以至一千鎊以上，——由自己負担來進行修建工程。於是，這些建築協會便成了整套辦法中的重要中介環節，這種辦法是要保證巨大土地貴族能夠毫不費力地利用公衆的資金，把他們在倫敦的房屋經常修整和保持在適於居住的狀態中。

而這却應當算是對工人住房問題的解决哩！（這是恩格斯爲一八八七年版加的附註）。

『第一，國家必須關懷到，凡國家立法和行政方面能使勞動者階級住宅缺乏現象加厲的一切，都應予以廢止或相應地改善』（第一八七頁）。

總之：修正建築工程立法並保證建築事業自由，以使建築工程費用便宜些。但是，在英國，建築工程立法範圍縮到了最低限度，建築事業猶如空中飛鳥一樣自由，而住宅缺乏現象却依然存在。況且，現今英國建築工程已是這樣便宜，以致房屋在近旁有一輛馬車通過時就搖搖欲墜，每天都有一些房屋倒塌下去。就在昨天，一八七二年十月二十五日，曼徹斯特城內一下子倒塌了六所房屋，並且有六個工人受傷很重。可見，這也是無濟於事的。

『第二，國家權力應制止個別私人因追求狹隘個人主義目的擴大或重新引起這種災難』。

總之：對工人住房實行衛生方面和建築警察方面的監督，使當局有權封閉一切危害健康和有倒塌危險的住宅，如英國從一八五七年起就已實行過的那樣。但那裏是怎樣實行的呢？一八五五年頒佈的第一個法令（清除傳染病毒法令），如查克思先生自己所承認的，始終是『一種死的條文』，一八五八年頒佈的第二個法令（地方管理法令）也是如此（第一九七頁）。同時，查克思先生認為，第三個法令，即只推行於住有一萬人口以上的城市的手工業者住房法令，『無疑是英國國會深刻理解社會現象的良好標誌』（第一九九頁）；但是，這一斷語又只是查克思先生完全不知道英國『現象』的『良好標誌』。英國在『社會現象』方面一般比大陸先進得多，這是不言而喻的；它是近代大工業之母，資本主義生產方式在這裏發展得最為自由和最為廣濶，其後果在這裏也來得最為顯著，因而在立法方面獲得反映也較早。對於這點的最好證據就是工廠立法。但是，如果查克思先生覺認為一個國會法案只須獲得法律效力就能立刻見諸實現，那他就未免大錯特錯了。任何其他國會法案（也許除工場法以外）都不比地方管理法更是這樣了。這個法律竟委託給城市當局去執行，而城市當局在英國幾乎到處都被公認為是一切貪

37*

污舞弊 濫用私人和 jobbery[1]行為的淵藪。這些城市當局中由於種種家族關係獲得職位的官吏，不是沒有能力便是不願意實行這種社會法令，然而正好是在英國那裏，負責準備和實行社會立法的政府官吏大半是以嚴格忠於職守著稱…不過現在已不如二三十年前那樣嚴格了。設備不良和有倒塌危險的房屋所有者，幾乎到處都在市政局中直接或間接有勢力強大的代表。依照小選區進行的市政局委員選舉，總是使當選人員不得不依存於最小的地方利益和影響；凡是想再度當選的市政局委員，沒有一個人敢於投票贊成把這個法律應用於自己的選區。因此，可以明白，這個法律幾乎到處都受到一切地方當局的強烈反抗；這個法律至今只是在最出醜的場合才被採用，並且也還是在已經爆發了瘟疫病後才被採用，如去年在曼徹斯特和薩爾福特天花流行時的情形那樣。向內政部進行的請願一直只有在此類場合才發生過效果，因為英國每個自由主義政府所奉行的原則，都是只有迫於極端必要時才提出社會改良法案，而對於已經存在的法律則盡可能完全不予實行。此項法律，也如英國其他許多法律一樣，只有如下一種意義，即當它一旦操在受工人支配或因受他們逼迫而終於決心把它實行起來的政府手中時，它就會成為強有力的武器來把現代社會制度打破一個缺口。

『第三』，據查克思先生看來，國家政權應當『極其廣泛地應用它所擁有的一切積極手段來減輕現有住宅缺乏現象』。

這就是說，國家政權應當給自己的『下級官吏和職員』（但這並不是工人呀！）修建一些營房，『真正模範的房舍』，『並且貸款…給各個公共機關、團體和個人，以求改善勞動階級的住所』（第二〇三頁），像現今英國正在按公共工程貸款法作着的和路易・

[1] Jobbery 一語是意味着官吏利用公務職位圖謀本人或家族私自利益。譬如說，某一國家中的國立電報局長私自作了某個造紙廠股東，他用自己森林中的木材供給這個工廠，然後讓這個工廠為電報局供應用紙，那末這將是雖然很小，但畢竟是頗為像樣的 job，完全足以表明 jobbery 的原則是什麼東西；順便說說，這在俾斯麥統治下是不言而喻和十分自然的。（這是恩格斯加的附註。）

波拿巴在巴黎和慕爾豪森地方作過的那樣。但是，公共工程貸款法也只是一紙空文；政府撥發給委員們支配的至多不過五萬鎊，即頂多能建築四百所小房的資金，因而也就是在四十年中建造一萬六千所小房即總共至多只能供八萬人住的住所。但這不過是滄海一粟而已。即使我們假定該委員會的資金在二十年後已由於收還貸欵增加了一倍，因而在另外二十年中又修建了一些總共能供四萬人居住的住房，但這也仍然只會是滄海一粟。況且，因爲小房平均只能維持四十年，所以在四十年後每年就得花五萬或十萬鎊現金來修理勢將傾圮的最老的小房。正是這一點，查克思先生在第二〇三頁上認爲是實際正確和『在無限大的規模上』實行原則哩！查克思先生以承認甚至英國那裏國家也可說是『在無限大的規模上』毫無作爲這點來結束自己的書，就不過是再次對一切有關人物任情作過一通道德說敎罷了[1]。

十分明顯，現代的國家不能夠也不願意消除住宅災難。國家無非是有產階級即土地所有者和資本家對被剝削階級——農民和工人——施行的有組織的總合權力。個別資本家所不願做的事情（而這裏所指的是資本家，因爲參加這種事業的土地所有者首先也是以資本家資格出現的），他們的國家也不願做。因此，如果說個別的資本家即使體貼住宅缺乏，終於也只是稍稍動彈一下，以便至少從表面上來掩飾由此產生的最惡劣的後果，那末，總合的資本家，即國家，也並不會做出更多的事情。國家頂多也只是會設法把一般的表面掩飾工作到處一律進行罷了。我們看到的情形正是如此。

但是，人們可以反駁我們說：在德國，資產者還沒有佔統治地

[1] 近來在保證倫敦建築機關有權徵用地皮以供修築新街道用的英國國會法令中，已開始對於因此無處棲身的工人給予了若干注意。這裏新頒佈了一項決定：重新修建起來的房屋必須適宜於以前住在這個地方的各階級居民居住。爲了履行法律的字面，人們就在最便宜的地皮上面爲工人修建五層或六層的出租營房。這種爲工人所完全不習慣並且對於舊日倫敦情況又顯得完全陌生的新設施結果如何，將來自會分曉。但是，即使在最好的場合，這裏所能容納的工人也未必有實際上由於重新整頓市街而失去住所的人數的四分之一。（這是恩格斯爲一八八七年版加的附註。）

位；在德國這裏，國家在某種程度上是獨立的、陵駕在社會上面的力量，因此這個力量也就代表着社會的總合利益，而不是代表着單獨某一階級的利益。這樣的國家是能做出資產階級國家所不能做出的種種事情的呵；在社會領域中也應該期望它能作出完全不同的事情來。

這是反動派的論調。其實，就在德國，現有形態的國家也是它由之成長出來的社會基礎的必然產物。在普魯士——而普魯士現在有決定的意義——跟一個仍然強有力的大地主貴族並排存在着的，有一個比較年輕和極其胆怯的資產階級，它至今既沒有像在法國一樣取得直接的政權，也沒有像在英國一樣取得或多或少間接的政權。但是，跟這兩個階級並排存在着的，還有一個人數迅速增加、智力十分發達、一天比一天更加組織起來的無產階級。因此，這裏除有舊日專制君主制度的基本條件——土地貴族和資產階級間的均勢——而外，還存在有近代波拿巴制度的基本條件：資產階級和無產階級間的均勢。但是，不論在舊日專制君主國中或在近代波拿巴主義君主國中，實在的政府權力是由軍官和官吏這一特殊等級掌握，這個等級在普魯士部分地是由他們自己中間的人補充，部分地是由小地主貴族中間的人補充，較少是由高等貴族中間的人補充，而最少是由資產階級中間的人補充。這個似乎站在社會以外並且可以說是站在社會之上的等級的獨立性，就使得國家好像是離社會而獨立存在。

在普魯士（並且依照它的例子也在德意志新帝國制度中）從這些極端矛盾的社會條件中必然一貫發展成的國家形式，就是僞裝的憲政制度；這個國家形式既是舊日專制君主國解體的現今形態，也是波拿巴主義君主國存在的形態。在普魯士，僞裝的憲政制度從一八四八年到一八六六年只是掩蓋過和抹煞過專制君主國的緩慢腐朽過程。但是，從一八六六年以來，尤其從一八七〇年以來，社會條件中的變革，從而舊國家的解體，是在衆目共覩下並且是以大大增長着的規模發生着。工業特別是交易所舞弊事業的迅速發展，把一切統治階級都捲入了投機漩渦中。一八七〇年從法國大量傳入的貪污腐化風氣，是以空前的速度散佈着的。史特魯斯貝爾和培雷互相握手。大臣、將軍、侯爵和伯爵，同最狡猾的猶太的交易所販子作投機競賽，而國家也承認他們的平等身份，把交易所的猶太人大量地封爲男爵。很早以來就以食糖廠主和火酒釀造家身份從事工業的農村貴族早已忘了尊貴的昔日，現在都把自己的名字加入穩當的或不大穩當的股份公司經理名單中了。官僚愈益輕視把盜用公款作爲增加收入的唯一手段;他們把國家置之腦後，一味追逐收入更多的管理工業企業的位置，而那些還留任國家官職的人們也倣照自己上司的例子作股票投機，或『加入』鐵路等等方面的企業。甚至有充分理由可以假定：就是尉官也並不反對在某些投機事業裏染指一下。一句話，舊日國家的一切原素在急劇地解體，專制君主國在急劇地過渡到波拿巴主義君主國；在工商業大危機一發生時，不祇是現代的騙局要倒台，而且整個老舊的普魯士國家都要崩潰了[1]。

正是這個非資產階級分子日益更加資產階級化的國家應該解決『社會問題』，或者即令只解決一個住宅問題嗎？ 恰好相反。在一切經濟問題方面，普魯士國家愈來愈受資產階級的影響了。如果說一八六六年以來經濟領域中的立法不曾比它實際表現出來的程度更加適應於資產階級的利益，那末這是誰的過錯呢？ 主要是資產階級自身的過錯：第一，因爲它過於胆怯，不能堅決地堅持自己的要求；第二，因爲它對同時把新武器授予威脅着它的無產階級的任何一個讓步都加以抵抗。如果說國家權力，即俾斯麥，企圖組織一個自己御用的無產階級，藉以箝制資產階級的政治活動，那末這豈不就是一種必要的人所共知的波拿巴主義手段，這個手段對於工人

[1] 現在，在一八八六年，普魯士國家和它的基礎—— 即大地產跟工業資本結成的聯盟，靠保護關稅來鞏固的聯盟——還在賴以支持和互相結合的，不過是在從一八七二年以來按人數和階級意識說都已大大增長的無產階級面前發生的恐懼心理罷了。（這是恩格斯爲一八八七年版加的附註。）

並不負任何義務，只是對他們說一些善意的空話，頂多也只是像路易·波拿巴那樣給予建築協會一些最小限度的國家補助罷了。

至於工人能從普魯士國家那裏期待一些什麽，最好的證明是看那曾使普魯士國家機構再度暫時在社會面前保持其獨立性的法國數十億賠欵的用途。難道這數十億中有一台斐爾是用來使流落在街頭的柏林工人家屬得到容身之所嗎？絲毫不是。當秋天來臨時，國家甚至把工人們在夏天用作蔽身之所的幾間可憐的木房也下令拆毀了。這五十億賠欵就很快地照舊揮霍在要塞上、大砲上和軍隊上了；不顧瓦格涅爾善意的蠢話，不顧有與奧地利所舉行的施蒂貝爾會議[1]，而這數十億賠欵中用在德國工人身上的數目，甚至還不會有路易·波拿巴從法國盜取的幾百萬法郎中用在法國工人身上的那樣多哩。

（三）

實際上資產階級只有一個以他們的方式解決住宅問題的辦法，即每一次的解决都又重新把這個問題提出來。這就叫做『奧斯曼』的辦法。

我這裏講到『奧斯曼』，不但是指巴黎的奧斯曼所採取的那種特殊波拿巴主義的辦法，即穿過密集的工人區域開闢一些又長、又直、又寬的街道，並在街道兩旁修建華麗的大厦；除了使街壘戰難於進行的戰略目的以外，用意還在於造成一批依靠政府的特殊波拿巴主義的建築業無產階級，並把都市變爲一個多半是奢華的都市。我講到『奧斯曼』，還指把工人街區尤其把我國大城市中心的工人街區拆開的那種已經普遍實行起來的辦法，不論這起因是着眼在公共衛生或美化，是由於城市中心需要大商業場所，或是由於交通的需要，如敷設鉄路、修建街道等等。不論起因如何不同，結果總是到處一樣：最不成樣的僻街陋巷歸於消失，資產階級就因有這種巨大成功而極其自鳴得意，但是…這種僻街陋巷立刻又在別處出現，並且往往是就在緊鄰的地方出現。

[1] 這是指奧地利和普魯士兩國皇帝及其首相一八七一年八月在加施泰恩舉行的會議，目的是要討論對付第一國際的措施。——編者註。

在英國工人階級的狀況一書中，我描寫過曼徹斯特在一八四三至一八四四年的情形。從那時以來，由於橫貫城市中心建築鉄路，由於敷設新街道，由於修建巨大的公私建築物，我所描寫的那裏的最惡劣的街區有一些已被打通、拆平和改良了，另一些則已完全取消了；但是還有許多街區仍處於同樣惡劣或甚至比那時更爲惡劣的狀況中，雖則從那時以來衛生警察的監督已經加強了。

然而，由於城市的巨大擴張，由於城市人口從那時起已增加了一半以上，那些原來寬敞清潔的街區，現在已與從前最聲名狼藉的街區同樣塞滿房屋、同樣汚穢、同樣居民擁擠不堪了。這裏我只舉一個例子。在我那本書第八〇頁以及下頁，我描寫了麥德洛克河谷的一簇房屋，這個地方名叫小愛爾蘭 (Little Ireland)，多年以來就已是曼徹斯特城的一個汚點。小愛爾蘭早已消失不見；現在這個地方修建了一座地基很高的火車站房；資產階級驕傲地指出，說平安消滅小愛爾蘭是一個極大的勝利。但去年夏天發生了一次駭人聽聞的氾濫，因爲在我們大城市中由於不言自喻的原因築有堤堰的河流，一般就一年比一年招來更大的氾濫。那時人們才發現出：原來小愛爾蘭根本不曾被消滅，只是從牛津路南側遷移到了北側，並且仍然如以前一樣興盛。下面就是曼徹斯特急進資產者的報紙曼徹斯特星期時報在一八七二年七月二十日關於這點所寫的報道：

「上星期六落到麥德洛克河谷居民頭上的不幸事件，我們希望能有一個良好的後果，即是把公衆的注意轉移到對一切衛生法的顯然嘲弄上，人們在城市官吏和市衛生委員會近旁忍受這種嘲弄已有很久了。本報昨日刊載了一篇犀利的文章，它暴露了洪水所侵入的查理街和卜魯克街幾處地下住所的可恥狀態，只是暴露得還不夠。仔細考察了這篇文章所提到的住院之一，就使我們能夠證實其中所引用的一切消息，並聲明說：這個住院裏的地下住所早就應該封閉了；更確切些說，它們本來無論何時都不應容許作爲人們的住宅。在查理街和卜魯克街拐角地方的斯奎爾住院是由七所或八所住房構成的。在這些房屋上面，卜魯克街最低處的鉄道高架橋下，行人每天走過，决未料想到在他脚下深深的洞穴中還有人們住着。這個住院是公衆所看不到的，能接近它的只是那些被貧窮所驅迫而不得不在其墓塚似的監禁環境中找尋藏身之所的人。即使被堤岸所擋住的通常停滯不動的麥德洛克河水不超過它的尋常水位時，這些住所的地面高出水面也不過只有幾吋；每一次大雨都能使污水坑或污水管中流出的令人嘔吐的穢水高漲起來，把有毒的氣體散佈到那些住宅中，這便是每一度河水氾濫所留下的紀念…斯奎爾住院比卜魯克街房屋的不住人的地下室還要低下…比街道低二十呎，所以星期六從污水坑中排出來的髒水往往高達屋頂。我們知道這一點，因而期待的是這個院子裏完全沒有人，或者有衛生委員在把那發臭味的牆壁加以洗刷和消毒。可是相反，我們竟看見理髮師的地下室中有一個人正在…用鐵鏟把牆角一大堆腐爛的髒東西剷到手推車中。這個理髮師的地下室打掃得還算乾淨，他叫我們到更下邊的一些住所去，關於這些住所，他說他如果會寫作的話，就要向報紙投稿，要求把它們封閉起來。最後，我們就到了斯奎爾住院，在那裏我們看到一個漂亮的，看樣子是健康的愛爾蘭女子，她的面前堆着大堆衣物。她和她的丈夫——一所私宅裏的守夜人——已經在這個院子裏住了六年，並且有很大一個家庭…在他們剛離開的那所房屋中，水淹齊了屋頂，窗子毀壞了，家俱成了一堆木片。據這個人講，他每兩月要用石灰把牆壁粉白一次，才能避免這個房子裏不可忍受的臭味…在我們的記者此時才得以進入的內院中，他發現了三所房子，後牆緊靠着剛才所描寫過的那些房屋，其中兩所還有人住在那裏。那裏的臭味是這樣可怕，甚至最健康的人在幾分鐘之後也定會嘔吐起來…這個可憎的洞穴住着一家七口，他們在星期四晚上(河水開始氾濫的那一天)都在家中睡覺。更確切些說，如那個婦女所立刻改口說的，他們並沒有睡覺，因爲她和她的丈夫大半夜都被一股臭味弄得不斷地嘔吐。星期六他們不得不涉着深及胸膛的水把自己的孩子們運送出去。她也認爲這個洞穴連養豬也不適宜，但是，由於租價低廉——每週一先令半，——她也就把它租下了，因爲她的丈夫最近生了病，常常沒有工錢。這個住院和那些簡直活埋葬在這個生壙內的住民，給予人們一個簡直無可奈何的印象。此外，我們必須指出：依據我們的觀察，斯奎爾住院不過是這個地區其他許多地方的一個複本——也許是稍微誇大的複本，——但這些地方的存在，我們的衛生委員會是應負其咎的。如果這些地方將來還允許住人，那末，衛生委員會所負責任的嚴重性，以及威脅鄰近地區的瘟疫傳染病的危險性，就簡直不用說了。」

這就是資產階級實際上解決住宅問題的明顯例子。資本主義生產方式把我們的工人一夜復一夜地禁錮在裏面的這些傳染病發源地、最可恥的洞穴和地窖，並不是被消滅下去，而只是在…**變更位置**！在一個地方產生了它們的同一經濟必然性，在另一個地方又會把它們產生出來。只要資本主義生產方式還繼續存在，要想單獨地解決住宅問題或有關工人命運的其他社會問題，便是愚蠢。眞正的解決只是在於廢除資本主義生產方式，在於工人階級自身佔有一切生活資料和勞動資料。

第三篇

再論蒲魯東與住宅問題

（一）

在人民國家報第八十六期上，米別赫宣稱自己是我在該報第五十一期及以下各期加以批判過的那些論文的作者。他在自己的回答中對我擲下了如此多的責難，同時把所談到的一切觀點混淆到如此地步，以致我無論願意與否都必得予以答覆。雖然我的反駁議論可惜大部分不免涉及米別赫給我預定的個人論爭範圍，但是我將竭力使自己的反駁議論具有一般的趣味，即將主要的論點再加以發揮，而且儘可能要比以前發揮得更清楚些，儘管米別赫又會責難我說這一切『其實不論對於他自己或對於人民國家報其他讀者說來都未包含任何新的東西』也罷。

米別赫埋怨我所作批判的形式和內容。說到形式，只要這樣答覆就夠了：我當時完全不知道被我批判的這些論文出自誰的手筆。因此，根本談不到對於作者個人有什麼『成見』；而對於這些論文中所發揮的住宅問題解決法，我却當然具有『成見』要表示反對，因爲我早已從蒲魯東那裏知道了這個解決法，並且我對它的看法是已經堅決確定了的。

關於我的批判的『語調』，我不想同友人米別赫爭論。像我這樣參加運動很久的人，皮膚已經厚得不怕什麼攻擊了，因而很容易假定別人也有這樣的皮膚。爲了使米別赫感到滿意，這一次我要竭力使自己的『語調』適合於他那皮膚表層的敏感。

米別赫特別辛酸埋怨說我把他罵成了蒲魯東主義者，實則他完全不是蒲魯東主義者哩。我當然要相信他才好；但是，我畢竟要提出證據來證明：這些論文——而我所說的只是這些論文——表現出十足的蒲魯東主義。

但是據米別赫看來，我對於蒲魯東也批評得『輕率』和全不公允，因爲『關於小資產者蒲魯東的理論，在我們德國已經成了一個確定不移的敎條，許多人甚至連他的著作的一行文字還沒有讀過就信奉起這個敎條來了』。當我惋惜說拉丁語系的工人在二十年內沒有過任何其他的精神食糧，只是有過蒲魯東的一些著作時，米別赫就回答說，在拉丁語系工人那裏，『蒲魯東所規定的原則幾乎到處都成爲運動的活生生的靈魂』。這一點我不能同意。第一，工人運動的『活生生的靈魂』不論什麽地方都不在於『原則』，而任何地方都是在於大工業的發展及其後果：一方面是資本的積累和集中，另一方面是無產階級的積累和集中。第二，說所謂蒲魯東『原則』在拉丁語系工人中間起了米別赫所加予它們的那種决定作用，說『無政府狀態、組織經濟力量、社會消滅等原則在那裏已成了…革命運動的眞正體現者』，這都是不正確的。暫且不講西班牙和意大利，那裏蒲魯東消除百害的萬應靈丹僅僅在巴枯寧弄得更糟糕的形態下才有了一點兒影響，每一個熟悉國際工人運動的人都很知道這一事實：在法國，蒲魯東主義者只形成一個人數很少的宗派，而法國工人羣衆則根本不願理會蒲魯東所提出的那些以所謂社會消滅和所謂組織經濟力量聞名的社會改良方案。順便說說，這點在公社時期已經有過表現。雖然蒲魯東主義者參加公社的代表在那裏佔有很大的地位，可是根據蒲魯東的方案來消滅舊社會或組織經濟力量的嘗試却一點也不曾作過。恰恰相反，公社莫大的榮幸，就在它的一切經濟措施中的『活生生的靈魂』不是由什麽原則，而是由…簡單的實際需要所構成。正因爲如此，所以這些措施——廢除烤麵包師的夜工、禁止工廠罰金、沒收停業工廠和作坊並將其交給工人組合——才是一點不合乎蒲魯東精神，而合乎德國科學社會主義精神的。蒲魯東主義者所實行的唯一社會措施就是拒絕沒收法蘭西銀行，而這也就是公社覆亡的原因之一。同樣，所謂布朗基主義者一經企圖由純政治革命家轉變爲具有一定綱領的社會主義工人派別——如那些流亡到倫敦的布朗基主義者在其國際與革命那篇宣言[1]中表明了的那樣，——他們就不是標榜了蒲魯東的社會救濟計劃的『原則』，而是標榜了（並且幾乎是逐字逐句地標榜了）德國科學社會主義的觀點，即認定無產階級政治行動和作爲進到消滅階級從而消滅國家的過渡的無產階級專政必要性的觀點，這種觀點是在共產黨宣言中已經申述過並且以後又重述說過無數次的。如果米別赫竟想從德國人對蒲魯東不表尊敬的事實中作出結論說德國人對於拉丁語系人民『直到巴黎公社』的運動缺乏理解，就請他爲證明這個結論而試舉出一種拉丁語系的著作，那裏竟會是把公社理解和描寫得稍微有如德國人馬克思寫的國際總委員會關於法蘭西內戰的呼籲書中一樣正確的吧。

工人運動直接受着蒲魯東主義原則影響的唯一國家就是比利時，因此比利時工人運動的進程也就正如黑格爾所說的那樣是『從無，通過無，到無』。

如果我認爲拉丁語系工人們在二十年內只是直接或間接從蒲魯東那裏得到精神食糧是一種不幸，那末我認爲這種不幸並不在於米別赫所稱爲『原則』的蒲魯東改良丹方在那裏佔有完全神祕的統治，而是在於他們對現存社會的經濟批判受了完全謬誤的蒲魯東主義觀點的傳染，他們的政治活動又被蒲魯東主義的影響所敗壞了。至於問到究竟是誰『多逗留在革命中』，究竟是『蒲魯東主義化的拉丁語系工人』，還是理解德國科學社會主義無論如何要比拉丁語系人理解自己的蒲魯東好得不知多少的德國工人，那末我們只有知道了『逗留在革命中』是什麼意思時，才能回答這個問題。關於人們，曾

[1] 恩格斯在他所著公社中諸布朗基流亡分子的綱領一文中分析了這篇宣言。——編者註。

有這樣的說法：他們『逗留在基督教中，在眞正信仰中，在上帝恩寵中』等等。但是豈能『逗留』在革命中，在最猛烈的運動中！難道『革命』是必須信仰的教條般的宗教嗎？

其次，米別赫責難我，說我不顧他文章中的明白語句而居然肯定說他宣稱住宅問題單只是工人的問題。

這一次，米別赫確實是對的。我把一個有關的地方忽略過去了，不可寬恕地忽略過去了，因爲這個地方是表明他的論文全部傾向的一個最顯著的特徵。米別赫確實用毫不含糊的語句講過：

『由於人們常常對我們提出可笑的非難，說我們實行階級政策，力求階級統治等等，因此我們首先要強調說：住宅問題並不單只有關於無產階級，相反，它極其有關於眞正中等等級，小手工業者、小資產階級、全部官僚的利益…住宅問題正是社會改良辦法中的這樣一點，這一點顯然比其他任何一點都更能揭示出，無產階級這方面的利益和社會中眞正中等階級那方面的利益之間有絕對的內在同一性。在租賃住宅的壓迫的桎梏下，中等階級所受的痛苦與無產階級一樣厲害，也許還更厲害些…現在社會中的中等階級本身面臨着這樣的問題，即它是否…具有充分力量…與年青力壯精力充沛的工人政黨結成聯盟來參加社會的改造過程，而這種改造過程的幸福的結果將首先爲他們所享受。』

總之，友人米別赫在這裏指出了如下幾點：

（一）『我們』不實行『階級政策』，也不力求『階級統治』。而德國社會民主工黨，正因爲它是工人政黨，却必然實行着『階級政策』，即工人階級的政策。既然每個政黨都力求達到國家中的統治，所以德國社會民主工黨就必然力求爭得自己的統治，工人階級的統治，即『階級統治』。而且，每個眞正的無產階級政黨，從英國憲章派起，總是把階級政策，把無產階級組織爲獨立政黨視爲首要條件，把無產階級專政視爲鬥爭的最近目的。米別赫既然宣稱這是『可笑的』，也就是置身在無產階級運動之外，投入小資產階級社會主義行列中了。

（二）住宅問題的優越處，就在於它並不單只是工人的問題，而是『極其有關於小資產階級的利益』，因爲『眞正中等階級』由於住宅缺乏所受的痛苦是與無產階級『一樣厲害，也許還更厲害些』。誰要是宣稱小資產階級——哪怕僅僅在一方面——所受的痛苦『比無產階級也許還更厲害些』，那末當人家把他歸在小資產階級社會主義者中間的時候，他就無論如何也不能埋怨了。因此，米別赫實在沒有理由埋怨我所說的如下一段話：

『工人階級和其他階級特別是和小資產階級共同遭受的這種苦痛，正就是蒲魯東所屬的那個小資產階級社會主義專愛研究的問題。所以，我們德國的蒲魯東主義者首先抓着住宅問題來討論，也就不是偶然的事情，因為這個問題，如我們已經看到的，决不單只是個工人問題』。

（三）在『社會中眞正中等階級』的利益和無產階級的利益之間有着『絕對的內在同一性』，而且當前社會改造過程的『幸福的結果』首先會是為這些眞正中等階級所享受，而不是為無產階級所享受。

這樣，工人進行當前的社會革命『首先』是為了小資產者的利益。其次，在小資產者的利益與無產階級的利益之間有着絕對的內在同一性。既然小資產者的利益與工人的利益內在同一，那末工人的利益也就與小資產者的利益內在同一了。因此，小資產階級的觀點在運動中也就與無產階級的觀點同等正當合理了。正是這種確認兩種觀點同等合理的思想，也就是一般人所稱呼的小資產階級社會主義哩。

所以，米別赫作得完全一貫，他在他的小冊子第二五頁上把『小生產』頌揚為『社會的眞正支柱』，『因為小生產按其本質講來是結合着三個要素，即勞動——獲得——佔有，並且因為它把這三個要素結合起來，對於個人發展能力並沒有加以任何限制』哩；於是，他就特別責難現代工業，說它破壞這個培養正常人物的溫床，並『把一個充滿生命力而不斷更新的階級變成一堆不自覺的人，他們不知道把自己惶惑的眼光投向哪裏去』。這樣，小資產者在米別赫看來是模範人物，而小手工業在米別赫看來則是模範生產方式。我把他列入小資產階級社會主義者中間，難道是誣衊了他嗎？

既然米別赫推卸對於蒲魯東的一切責任，所以在這裏就無須進一步證明蒲魯東改良計劃是要把社會一切成員變爲小資產者和小農。同樣也不必詳細講到小資產階級利益和工人利益間的假想的同一性。所必須講到的一切，都是已經在共產黨宣言中講過了（來比錫版，一八七二年，第一二頁與二一頁[1]）。

總之，我們研究所得的結果是：在關於『小資產者蒲魯東的荒唐童話』旁邊，出現了關於小資產者米別赫的事實記載。

（二）

現在我們就談到主要點。我非難米別赫寫的論文是說那裏把經濟關係按照蒲魯東的方式譯成法權術語來加以歪曲了。作爲說明這點的例子，我舉出了米別赫如下的議論：

『房屋一旦建造起來時，就成爲一種永恆法權理由來獲取一定部分的社會勞動，儘管這房屋的實際價值早已在房租形式下綽綽有餘地償付給房主了。結果就是：例如五十年前修建起來的一所房屋，在這段時期內就藉租金的收入補償了原先費用的一倍、二倍、四倍、九倍等等』。

米別赫對這點表示抱怨時說了如下的話：

『這樣簡單冷靜陳述的事實，竟成爲恩格斯規誡我的藉口，說我應該說明房屋究竟怎樣成爲『法權理由』，——可是這完全不在我的任務範圍以內…描述是一回事，說明則是另一回事。如果我隨着蒲魯東說社會的經濟生活應當被法權觀念所滲透，那末我從而就是描述着這樣的現代社會，在這社會裏面若不是缺乏任何法權觀念，至少是缺乏革命的法權觀念，——這是恩格斯本人也會承認的事實。』

我們首先來談這所已經修建起來了的房屋吧。這所房屋在租出去之後，就在房租的形式下給建築人帶來地租、修繕費以及所花費

[1]見本卷第一八頁至第一九頁與第三二頁至第三三頁。——編者註。

的建築資本的利息，包括建築資本的利潤在內。按照情況的不同，陸續交付的租金總數可能達到原來費用的一倍、二倍、四倍以至九倍。米別赫老朋友，這就是『簡單冷靜陳述』的具有經濟性質的『事實』；如果我們想知道怎麼『結果就是』這個事實存在着的話，那末我們必須在經濟方面進行研究。我們且把這個事實更仔細地考察一番，以便使每個小孩也能了解它吧。大家知道，出賣商品就是所有者交出商品的使用價值而取得它的交換價值。各種商品的使用價值互相差異的地方，就中還在於消費它們所需要的時間的不同。一個大麵包在一天以內吃完，一條褲子在一年以內穿破，一所房屋比方說在一百年內住壞。因此，在消耗期限長久的商品方面，就有可能把使用價值分成若干部分出賣，每次有一定的期間，即將使用價值出租。因此，分成若干部分出賣就只是逐漸地實現交換價值；出賣者由於不把他所花費的資本和由此所應得的利潤立刻收回，就要藉提高價格即收取利息來獲得補償，這種價格和利息的高低並不是由人任意決定，而是由政治經濟學的法則決定的。在一百年期滿之後，這所房屋就用盡了，消耗了，再不能住人了。如果我們這時候從所付的租金總額中扣去：（一）地租及其在這個期間的若干提高數，（二）這個期間花費的修繕費，——那末我們就會發現其餘部分平均起來是由下列各項所組成：（甲）原先的房屋建築資本，（乙）建築資本的利潤，以及（丙）逐漸收回的資本和利潤上面的利息。的確，在這個期間終結之後，承租人沒有房屋了，可是房屋所有者也沒有房屋了，房屋所有者只有地皮（如果這是屬於他的）及其上面的建築材料，但這些材料已經不是房屋了。如果房屋在這個期間『償還了原先建築費用的四倍或九倍』，那末我們將看到這全是由於地租的上漲；這對於像倫敦這種地方的每個人都很明白，因爲在這裏土地所有者和房屋所有者大半是兩個人。租金的這種巨大增加，發生於迅速發展的城市中，但絕不是發生於鄉下某個地方，因爲在那裏建築地皮上的地租幾乎是始終不

38—1966

變的。大家知道，扣除了上漲的地租以外，房主每年所收入的房租平均不超出所投資本（包括利潤在內）的百分之七，並且還得從中開銷修繕費等等。一句話說，租賃契約乃是一種最普通的商品交易，在理論上，它比之其他任何交易都是對工人既無較大也無較小的利益，只有勞動力的買賣才是一個例外；在實踐上，這個租賃契約是作爲資產階級千百種欺詐形式之一出現於工人面前，關於這些欺詐形式我在單行本第四頁[1] 上已經講過了，而這個形式，如我在那裏所指出的，也受一定的經濟法則所調節。

相反，米別赫認爲租佃契約無非是純粹的『任意行爲』（見他的著作第一九頁），而當我向他證明情形是相反時，他就抱怨說：我向他講的『可惜完全都是他自己已經知道的東西』。

但是，對於房租的任何經濟研究，都不會使我們把廢除租賃住宅變爲『由革命思想內部發生的最有效和最高尙的意向之一』。爲了達到這點，我們必須把這個簡單的事實從冷靜的政治經濟學領域中轉移到思想形態程度更高得多的法學領域中去。『房屋是房租的永恆的法權理由』；——『結果就是』，房屋的價値能藉房租的形式償付一倍、二倍、四倍和九倍。在研究怎麽『結果就是』這樣的時候，『法權理由』不能使我們有絲毫進展；正因爲如此，所以我說米別赫只有在研究了房屋如何成爲法權理由之後，才能知道怎麽『結果就是』這樣。只有如我所作過的那樣，在我們研究了房租的經濟性質，而不是對統治階級用來批准房租的法律術語表示憤慨時，我們才能知道這點。誰要提議採取經濟措施來廢除房租，誰就必須關於房租多知道一些，而不能只說它『成爲承租人用以償付資本永恆權利的貢賦』。

對於這點米別赫回答道：『描述是一回事，說明則是另一回事』。

---

[1] 見本卷第五三七頁。——編者註。

這樣一來，完全不是永恆的房屋就終於變成房租的永恆的法權理由了。不管它『結果就是』怎樣，但我們總是發現：由於有這種法權理由，房屋便以房租形式帶來高於它的價值好幾倍的收入。由於譯成法律術語，我們便僥倖地遠遠離開了經濟學，以致我們只看到這樣一個現象，卽房租的總額逐漸能償付一所房屋價值的好幾倍。既然我們以法權方式來思想和談說，那末對這個現象我們也要應用法權標準卽正義的標準，並且發現這種現象是非正義的，它是與『革命的法權觀念』——不論這是什麽樣的東西——不相符合的，因而法權理由也就是完全要不得的。其次，我們又發現，這點同樣是旣適用於產生利息的資本，又適用於出租的耕地的，因而我們就有理由把這幾種所有權從其他各種所有權裏劃分出來，並且加以特別的考察。這種特別的考察就產生出如下的要求：（一）剝奪所有者拒絕契約的權利，卽剝奪他索回自己財產的權利，(二)把出租給承租人、債務人或佃戶但並不屬於他的財物的使用權無償地讓渡給他，（三）用分成小批付款的方法向所有者償淸財產而不付利息。這樣一來，我們就說盡了蒲魯東在這方面的『原則』。這就是蒲魯東的『社會消滅』。

附帶說說：十分顯然，這整個改良計劃一定是幾乎單只有利於小資產者和小農，因爲它鞏固着他們作爲小資產者和小農的地位。因此，據米別赫看來，神話式的『小資產者蒲魯東』形象在這裏就忽然獲得了完全具體的歷史現實性了。

米別赫繼續寫道：

『如果我隨着蒲魯東說社會的經濟生活應當被法權觀念所滲透，那末我從而就是描述着這樣的現代的社會，在這社會裏面若不是缺乏任何法權觀念，至少是缺乏革命的法權觀念，這個事實就是恩格斯本人也會承認的。』

可惜我沒有可能給米別赫這種樂趣。米別赫要求社會應當被法權觀念所滲透，並且把這叫做描述。如果法庭派一個執行吏來要求

38*

我償還一筆債務，那末照米别赫看來，法庭所作的無非是把我描述爲一個欠債未還的人！描述是一回事，要求則是另一回事。德國科學社會主義與蒲魯東之間的主要差別就正在於此。我們描述着，——而眞正描述某一事物，同時也就是與米别赫相反來說明這一事物哩，——我們描述着經濟關係，描述着它們如何存在以及它們如何發展，並且嚴格地從經濟學上來證明它們的這種發展同時就是社會革命各種因素的發展：一方面是被本身生活狀況必然引向社會革命的那個階級即無產階級的發展，另一方面是生產力的發展，這些生產力一發展到超出資本主義社會範圍時就必然要把這個社會爆破，同時這些生產力又是一勞永逸地消滅階級區別以利於社會進步本身的手段。相反，蒲魯東則要求現代社會不是依照本身經濟發展的法則，而是依照正義的規定（『法權觀念』不是屬於他而是屬於米别赫的）來改造自己。在我們從事證明的地方，蒲魯東以及追隨他的米别赫却在說教和哀訴。

『革命的法權觀念』究竟是一種什麽東西，我絕對猜測不出來。誠然，蒲魯東把『革命』變成一種體現和實現他的「正義原則」的女神；同時他陷入一個奇怪的錯覺，把一七八九至一七九四年的資產階級革命和未來的無產階級革命混爲一談。幾乎在他的一切著作中，尤其從一八四八年以後，他都是這樣作的；我只擧一八六八年出版的革命的總觀念第三九至四〇頁[1]作例子就夠了。但是，既然米别赫推卸對於蒲魯東的任何責任，所以我就不能去向蒲魯東找尋「革命的法權觀念」的說明，因而我就繼續逗留在極度的黑暗中。

米别赫往下說道：

「但是，不論蒲魯東也好，或者我也好，都不是訴諸『永恆正義』來說明現存的不公平的狀況，更不是期望訴諸這個正義來改善這些狀況，如恩格斯所強加在我身上的一樣。」

---

[1] Proudhon P.J., Jdée générale de la Révolution du XIX siècle. Paris, 1868。——編者註。

米別赫大概是以爲『蒲魯東在德國幾乎完全不爲人知道』吧。蒲魯東在其一切著作中都用『正義』的標準來衡量一切社會的、法權的、政治的和宗教的原理，他摒棄或承認這些原理是以它們之是否符合於他所謂的『正義』爲取捨的。在他的經濟矛盾[1]中，這個正義還被稱爲『永恆的正義』，«justice éternelle»。後來永恆性就不被提起了，但它實質上還是保存着。例如，在一八五八年出版的論革命中和教會中的正義[2]這一著作中，下面的一段就表現着這整個三卷說教的內容（第一卷，第四二頁）：

『各社會中基本的原則，有機性的、統治性的、最高主權性的原則，支配着其餘一切原則的原則，指導着、保護着、排斥着、懲戒着、在必要時甚至鎮壓着一切叛亂因素的原則究竟是怎樣呢？這是什麼呢？是宗教、理想或利益嗎？.. 這個原則在我看來就是正義。什麼是正義呢？這就是人類自身的本質。從世界創始以來，它曾是什麼呢？曾是虛無。它將來應當是什麼呢？將應當是一切。』

這個作爲人類自身本性的正義，豈不就是永恆的正義嗎？ 這個是各社會中基本、有機性、統治性、最高主權性原則的正義，這個雖然如此而至今都是虛無但將來應是一切的正義，豈不就是一切人類行爲所應遵循和人們在任何困難下應向它作爲最高裁判官申訴的標準嗎？難道我所斷言的不正是蒲魯東在判斷一切經濟關係時不依據經濟法則，而只依據這些經濟關係是否符合於他的這個永恆正義的觀念，藉以掩飾自己在經濟學方面的愚昧無知和束手無策嗎？既然米別赫要求『現代社會生活中的一切變更…都應當滲透着法權觀念，即到處都按照嚴格正義要求來實行』，那末他與蒲魯東之間究竟有什麼區別呢？是我不會讀東西呢？還是米別赫不會寫東西呢？

---

[1] 是指蒲魯東所著經濟矛盾的體系或貧困的哲學一書。——編者註。

[2] Proudhon P. J., De la justice dans la révolution et dans l'église 第一——三卷，Paris 1858。——編者註。

米別赫往下說道：

「蒲魯東也如馬克思和恩格斯一樣知道，人類社會的眞正推動力是經濟關係，而不是法律關係；他也知道，一個民族某一時代的法權觀念只是經濟關係特別是生產關係的表現、反映和產物。總之，法權在蒲魯東看來是歷史上發展了的經濟產物。」

如果蒲魯東『也如馬克思和恩格斯一樣知道』這一切（我且不管米別赫的含糊說法，並滿足於他的善良意向），那末我們還爭論什麼呢？但是正是在關於蒲魯東的知識上，問題却有些不同。每一個社會經濟關係首先是作爲利益表現出來。而蒲魯東在剛才從其主要著作中所引證的一段裏，却白紙黑字地寫着，『各社會中基本的、有機性的、統治性的、最高主權性的原則，支配着其餘一切原則的原則』，並不是利益，而是正義。而且他在其一切著作的一切決定性的地方，都是重複着這一點。但所有這一切却都不妨碍米別赫繼續說：

「…蒲魯東在其戰爭與和平中發揮得最透澈的經濟法權觀念，與拉薩爾在其旣得權體系序言中叙述得極透澈的基本思想全然相合。」

戰爭與和平[1]可以說是蒲魯東的許多幼稚著作中最幼稚的一部，所以我無論如何也沒有料想到這部著作竟會被援引來證明蒲魯東似乎領會了德國人的唯物史觀，而唯物史觀是以一定歷史時期的物質經濟生活條件來說明一切歷史事變和觀念，一切政治、哲學和宗教的。這部書竟是這樣缺少唯物主義精神，以至不求助於造物主，就不能給出一個對於戰爭的見解：

「但是，那爲我們選擇了這個生活方式的造物主，也有他自己的用意」（第二卷，第一〇〇頁，一八六九年版）。

至於這本書究竟是依據着什麼樣的歷史知識，這從它竟相信歷史上有過黃金時代存在這點就可看出：

[1] Proudhon P. J., La guerre et la paix. 第一——二卷，Paris，1869。——編者註。

『起初，當人類還是稀稀疏疏地散佈在地面上的時候，自然界毫不費勁地就滿足了人的需要。這是黃金時代，是豐饒而寧靜的時代。』（同書，第一〇二頁）

蒲魯東的經濟觀點乃是最粗糙馬爾薩斯主義的觀點：

『生產增加一倍，人口立刻就跟着增加一倍。』（第一〇五頁）

那末這本書的唯物主義精神何在呢？就在於它斷定戰爭的原因向來一直是而且現在仍然還是『貧困』（例如，第一四三頁）。當布雷齊格叔叔[1]在其一八四八年的演說中鄭重地發表『大貧窮的原因就是大貧乏』的偉論時，他正是同樣巧妙的唯物主義者哩。

拉薩爾的全部既得權體系不僅受到了法學家幻想的影響，而且也受到老黑格爾主義者幻想的影響。拉薩爾在第VII頁上明確地宣稱：『在經濟方面，既得權概念也是推進一切往前發展進程的出發點』；他想證明：『法權是一個從自身以內（這就是說不是從經濟前提中）發展出來的合理的機體』（第IX頁）；在拉薩爾看來，任務是要證明法權不是起源於經濟關係，而是起源於『法權哲學不過是其發展和反映的意志概念自身』（第X頁）。然而這部書在這裏有什麼相干呢？蒲魯東和拉薩爾之間的差別只在於拉薩爾眞正是一個法學家和黑格爾主義者，而蒲魯東在法學和哲學方面，也如在其他一切方面一樣，却不過是一個涉獵者。

我知道得很清楚：以經常自相矛盾著稱的蒲魯東，有時在某些地方也發表一些好像他很想根據事實來說明觀念的意見。但是，這種個別的意見和他的思想的基本傾向毫無關係，何況這些意見偶爾出現的地方也表現得極其混亂和自相矛盾。

在社會發展某種很低的階段，產生了這樣的一種需要：把每天重複着的生產、分配和交換生產品的行爲用一個共同規則囊括起來，設法使個人服從生產和交換的一般條件。這個規則首先表現爲習慣，後來便成爲法律。隨着法律的產生，就必然產生出以維持法

[1] 布雷齊格叔叔是德國資產階級幽默作家和小說作家路特作品中的一個滑稽角色。——編者註。

律爲職責的機關——公衆權力，卽國家。在社會進一步發展的進程中，法律便發展成或多或少廣泛的立法。這種立法愈複雜，則它的表現方式就愈益不同於社會通常經濟生活條件所藉以表現的方式。立法就顯得好像是一個獨立的因素，好像是一個並非從經濟關係中，而是從自己的內在基礎中，譬如說從『意志概念』中獲得存在理由和繼續發展根據的因素。人們往往忘記他們的法權起源於他們的經濟生活條件，正如他們忘記了他們自己起源於動物界一樣。隨着立法往前發展爲複雜和廣泛的整體，出現了新的社會分工的必要性：一個職業法學者階層形成起來，而隨之法學也就產生起來。後者在其進一步發展中便把各民族和各時代的法權體系互相加以比較，不是把它們視爲相當經濟關係的反映，而是把它們視爲本身包含有其根據的體系。凡屬一種比較都是以有某種共同點爲前提：這種共同點就是表現於法學家把這一切法學體系中多少相同的東西統稱爲自然法權。但是，用爲標準來衡量什麽是屬於自然法權的東西和什麽又是不屬於自然法權的東西，那就是法權本身最抽象的表現，卽正義。這樣，從此以後，在法學家和盲目相信他們的人們眼中，法權的發展只在於力求使人類生活獲得法律表現的條件愈益接近於正義理想，卽接近於永恆正義。而這個正義却始終只是現存經濟關係在其保守方面或在其革命方面觀念化神聖化的表現。希臘人和羅馬人的正義觀是認爲奴隸制度合乎正義；一七八九年資產者階級的正義觀則要求廢除封建制度，因爲封建制度是不合正義的。在普魯士的容克看來，甚至可憐的分區法[1]也是破壞永恆正義的。這樣，關於永恆正義的觀念不僅是因時因地而變，甚至在各種人們方面也各不一致，它是如米別赫正確說過的那樣『每一個人有一個理解的東西』。在日常生活中，當我們所接觸的關係頗爲簡單的時候，合乎

[1] 恩格斯是指一八七三年普魯士的行政改革，這次行政改革給予了各公社選舉公社首長的權利，而這種首長先前是由地主指定的。——編者註。

正義、不合正義、正義性、法權感一類名詞甚至應用於社會現象也不致引起什麽大誤會，可是在經濟關係的科學研究中，如我們所看到的，這些名詞便引起一種不可救藥的混亂，也好像在現代化學中若企圖保留燃素論的術語便會引起的混亂一樣。如果人們像蒲魯東那樣相信這種社會燃素卽所謂『正義』原則，或者像米別赫那樣斷定說燃素論是與氧氣論一樣正確，則這種混亂就會更加厲害了[1]。

（三）

其次，米別赫抱怨我把他的如下一段『激昂的』議論叫做反動的哀歌：『在大城市中，百分之九十以至更多的居民沒有一個人擁有可以稱爲自己所有物的住所，這個事實對於我們這個鼎鼎大名世紀的全部文明所加的嘲弄是再可怕沒有的了』。的確，如果米別赫像他自己附帶聲明的那樣，只是局限於描述『現時代的慘狀』，那末我當然就不會說出一句壞話來評論『他和他的樸素文章』的了。但是他做的完全是另外一回事。他把這些『慘狀』描述爲工人『沒有一個可以稱爲自己所有物的住所』的結果。究竟人們怨訴說『現時代的慘狀』是由於工人對於自己住房所有權被廢除的結果，或者是如容克們所說的那樣是由於封建制度和行會被廢除的結果——在這兩種場合，除了反動的哀歌，除了因感嘆有不可避免的歷史上必然的事物侵入而發出的哀歌以外，都是再不會有其他什麽結果的。反動性就正在於：米別赫想恢復工人對於住房的個人所有權，卽恢復早

[1] 在氧氣被發現以前，化學家們曾假定有一種特別的在燃燒時消散的燃燒體，卽燃素來說明空氣中物體的燃燒。由於他們發現了所燃燒的簡單物體在燃燒後比燃燒前重些，他們就說燃素是具有負重量的，所以物體沒含有燃素時就比含有燃素時重些。這樣人們便把氧氣所具有的一切主要特性逐漸加在燃素身上，可是一切都被顚倒過來。當人們已發現燃燒是在於燃燒的物體與另一種物體卽氧氣相結合並且知道怎樣取得氧氣的方法時，結果就把——然而也還是經過守舊化學家的長期抗拒之後——這種假說打破了。（這是恩格斯加的附註。）

已被歷史消滅了的事情；就在於他認爲只有使每個工人再成爲自己住房的所有者後才能夠設想工人的解放。——往下他又寫道：

『我極其堅決地認定：鬥爭本來是爲反對資本主義生產方式而進行的，只有從這個方式的變革出發才能期望住宅狀況的改善。恩格斯絲毫看不出這一點…我把社會問題的完全解決看作是着手贖買租賃住房的前提。』

可惜我至今還是絲毫看不出這一點。我當然無法知道我甚至連姓名也不知道的一個人在其頭腦的秘密的一角把什麼東西看作前提。我只能以米別赫發表出來的論文爲根據。而在那裏我直至現在還看見(在他的著作第一五頁和第一六頁上)：米別赫拿來作爲廢除租賃住宅的前提的，不過是…租賃住宅本身。只有在第一七頁上他才『把資本生產率的兩角握着』，關於這點我們以後還要回頭討論到。他甚至在他的答覆中也證實着這一點，說：

『當時問題多半是要表明如何從現有情況出發才能實行住宅問題方面的完全變革。』

『從現有情況出發』與『從資本主義生產方式的變革（意思應該是：廢除）出發』——而這兩個概念是完全互相對立的哩。

所以毫不奇怪，米別赫抱怨我把道爾福斯先生和其他廠主幫助工人置備自己房屋的慈善主義努力，看作唯一可能實際實現他的蒲魯東主義計劃的方法。如果他明瞭蒲魯東的社會救濟計劃是完全停留在資產階級社會基礎上的幻想，那末他自然就不會信仰這個計劃了。而且我在任何時候和任何地方都不曾懷疑過他的善良的意向。但是，他究竟爲什麼讚美列少爾博士向維也納市政府提議倣行道爾福斯的計劃呢？

往下米別赫又宣稱：

『至於就中說到城鄉間的對立的話，那末想把它消除就是一種空想。這種對立是自然的對立，更確切些說，是歷史上產生的對立…問題不是在於消除這種對立，而是在於發現可以使這種對立成爲無害甚至有利的那些政治形式和社會形式。這樣才有可能達到和平協議，達到各種利益的逐漸均衡。

總之，消除城鄉間的對立是一種空想，因爲這種對立是自然的對立，更確切些說，是歷史上產生的對立。我們且把這個邏輯應用到現代社會的其他對立上面，看一看這會使我們走到什麼地方去。例如：

『至於就中說到』資本家與僱傭工人間的『對立』，『那末想把它消除就是一種空想。這種對立是自然的對立，更確切些說，是歷史上產生的對立。問題不是在於消除這種對立，而是在於發現可以使這種對立成爲無害甚至有利的那些政治形式和社會形式。這樣才有可能達到和平協議，達到各種利益的逐漸均衡』。

這樣一來，我們又到了叔爾茨—德里奇那裏了。

消除城市與鄉村間的對立並不是空想，正如消除資本家與僱傭工人間的對立不是空想一樣。消除這種對立一天天地愈來愈成爲工業生產和農業生產的實際要求。沒有人曾比李比赫在他論農業化學的著作中更堅决地要求了這點，那裏他始終認爲首要的要求是人應把取自土地的東西還給土地，並證明說城市特別是大城市的存在阻礙了這一點的實現。當你看到單只倫敦一地每日都要花費巨額資金，才能把較之全薩克森王國所生產的更多的糞傾拋到…海裏去；當你看到必須有多麼巨大的建築物才能使這些糞不致敗壞倫敦全城，——那末你就知道消除城鄉間的對立的這個空想是具有極實際的基礎了。甚至較小的柏林在自己的髒汚中喘息至少也有三十年了。另一方面，像蒲魯東那樣想推翻現在的資產階級社會而同時又保持農民本身，才眞是十足的空想。只有使人口儘可能地平均分佈於全國，只有使工業生產和農業生產發生密切的內部聯系，並使交通工具隨着由此產生的需要擴充起來——當然是以廢除資本主義生產方式爲前提，——才能使農村人口從他們數千年來幾乎一成不變地棲息在裏面的那種孤立和愚昧的狀態中掙脫出來。斷定說人們只有在消除城鄉間的對立後才能從他們已往歷史所鑄造的枷鎖中完全解放出來，這種斷語完全不是空想；只有當人們企圖『從現存關係出發』，預先規定一種應該藉以解決現存社會中所特有的某種對立的形式時，那才是空想。當米别赫採取蒲魯東解決住宅問題的公式時，他正是這樣做的。

其次，米别赫抱怨我認爲他對『蒲魯東關於資本和利息的古怪見解』要負一定的責任，因而宣稱：

『我是假定生產關係的改變是早已規定了的，而調整利息率的過渡法律却不是處理生產關係，而是處理社會周轉即流通關係的…生產關係的變更，或者如德國學派更精確地說的，資本主義生產方式的廢除，當然不是如恩格斯硬加在我身上的斷語那樣由於取消利息的過渡法律，而是由於勞動人民實際佔有全部勞動工具、全部工業。至於勞動人民在這裏將會崇拜（！）贖買辦法還是崇拜立刻沒收辦法，這一點既不是恩格斯也不是我所能決定的。』

我驚愕地把眼睛揉了一揉。我再度從頭到尾把米别赫的文章讀了一遍，想找出他究竟在哪個地方說過他的贖買租賃住房是預先要以『勞動人民實際佔有全部勞動工具、全部工業』爲前提。我沒有找到這樣的地方。它是根本不存在的。任何地方都沒有講到『實際佔有』等等。不過在第一七頁上却說過：

『我們且假定資本生產率眞正已被握着兩角了，——這是遲早一定會發生的，——例如，通過把一切資本利息率肯定爲一厘的過渡法律，並且還要使這個利息率漸漸接近於零…自然，房屋以及住宅，也如其他一切生產品一樣，都應服從這種法律支配…因此，我們從這一方面可以看到：贖買租賃住宅是由一般消滅資本生產率而發生的必然後果。』

可見，與米别赫最近的轉變完全相反，這裏是毫不含糊地說過，對於資本生產率——他顯然把這個混亂的用語理解爲資本主義生產方式，——本來確實是可用廢除利息的法律來『握着兩角的』，並且正是由於有這個法律，『贖買租賃住宅是由一般消滅資本生產率而發生的必然後果』。現在米别赫却說，其實完全不是這樣。這個過渡法律『不是要處理生產關係，而是要處理流通關係』。在有這種如像歌德所說『無論對於智者或愚人都同樣神秘的』

十足矛盾議論下，我就只好假設我是在和兩個不同的米別赫打交道：一個米別赫理直氣壯地抱怨我把另一個米別赫所刊印出來的東西『硬加』在他身上了。

至於勞動人民既不會向我也不會向米別赫問他們在實際佔有時將『崇拜贖買辦法還是崇拜立刻沒收辦法』，那是千眞萬確的。大概勞動人民是情願根本不做『崇拜者』的。但是，要知道這裏完全不是談到勞動人民實際佔有全部勞動工具，而只是談到米別赫斷言（第一七頁）『解決住宅問題的全部內容包括在贖買這個名詞中』。既然他現在承認這種贖買是極成問題的，那末爲什麼要枉然麻煩我們兩人和讀者們呢？

不過，必須指出，由勞動人民來『實際佔有』一切勞動工具、全部工業，這是與蒲魯東主義的『贖買』辦法完全相反的。在實現後一種辦法時是單個工人變爲一所住房、一塊農民土地以及某些勞動工具的所有者；在實現前一種辦法時則是『勞動人民』成爲一切房屋、工廠和勞動工具的集體所有者。這些房屋、工廠等等的使用權，至少是在過渡時期，未必會毫無代價地發給個人或協作社。同樣，消滅土地私有制的辦法並不就是要消滅地租，而是要把地租——雖然是用變態的形式——轉交給社會。所以勞動人民實際佔有一切勞動工具，無論如何都不會排除承租和出租制的保存。

一般講來，問題並不在於：無產階級在取得了政權之後，是否簡單用暴力奪取生產工具、原料和生活資料，或是立刻爲此付出報酬，或是藉數目不大的分期付款逐漸贖買這些財產。企圖預先和針對着一切可能場合來回答這個問題，那就是製造空想，這種事情我情願讓別人去作。

（四）

我不得不這樣費盡紙筆，才穿過了米別赫密林般的附帶條件和遁詞，終於達到他在自己的答覆中所極力避免涉及的問題要點。

米別赫在自己的論文中說了些什麼肯定的話呢？

第一——他說，『房屋、建築地皮等等的原來費用和它的現今價値間的差額』，照理應該屬於社會。用經濟學術語講來，這種差額就是地租。蒲魯東也想把它交歸社會，這點我們在他的革命的總觀念第二一九頁（一八六八年版）中可以讀到。

第二——他說，住宅問題的解決法就是使每個承租人成爲自己住宅的所有者。

第三——他說，這種解決法應藉一種規定把支付房租變爲償清住房買價的法律來實行。——第二第三兩項都是從蒲魯東那裏抄襲來的，每個人都能在革命的總觀念第一九九頁及下頁中看出這點，而且那裏在第二〇三頁中甚至還有完全編好了的相當法律草案。

第四——他說，藉一種過渡法律把資本生產率的兩角握着，根據這種法律把利息率降低到一厘，以後還要使之繼續降低。這同樣是從蒲魯東那裏抄襲來的，在總觀念第一八二至一八六頁中可以詳細地讀到這點。

關於這些項目中的每一項，我都引證了米別赫抄本所依據的蒲魯東原書的段落。現在我要問：我是否有過理由把一篇全係蒲魯東主義的論文的作者，一篇除了蒲魯東觀點外一無所有的論文的作者，稱爲蒲魯東主義者呢？　但米別赫最辛酸埋怨我的，畢竟是彷彿我一『碰見蒲魯東所特有的某種語句』便稱他爲蒲魯東主義者。恰恰相反。一切『語句』都是屬於米別赫的，內容則是屬於蒲魯東的。而當我隨後用蒲魯東來補充蒲魯東主義的論文時，米別赫就埋怨說我把蒲魯東的『古怪觀點』悄悄加到他頭上了！

那末我對這個蒲魯東主義的計劃提出過什麼反駁意思呢？

第一——我認爲，把地租轉交給國家，就等於消滅個人土地所有權。

第二——我認爲，贖買租賃住宅並把住宅所有權轉交給原先的承租人，這完全不會觸及資本主義生產方式。

第三——我認爲，在現代的大工業和城市發展情況下提議這樣作是旣荒謬又反動的；恢復各個人對自己住房的個人所有權，就是後退一步。

第四——我認爲，強制降低資本利息，絲毫也不會觸及資本主義生產方式；相反，如高利貸法所證明的，這是旣陳舊而又不能實現的辦法。

第五——我認爲，房屋使用權的租金決不會隨着資本利息的消滅而消滅。

對於第二項和第四項，米別赫現在已表示同意了。對於其餘各點，他無一字反駁。而這正是所爭論的幾項。但是，米別赫的答覆並不是反駁；他極小心地迴避了一切恰正具有決定意義的經濟條項；這個答覆不過是個人的怨言罷了。例如，他埋怨我預先說到了他對其他問題如國家債務、私人債務、信貸問題所提出的解決法，埋怨我說他對這些問題的解決法到處都會是像在住宅問題方面一樣，卽廢除利息，把支付利息轉變爲淸償資本，宣佈信貸無息。現在我也還是決心打賭說，當米別赫的這些論文公佈於世時，它們的內容本質上將與蒲魯東的總觀念（信貸——第一八二頁，國家債務——第一八六頁，私人債務——第一九六頁）相符合，正如他的關於住宅問題的論文與我從同一書中所引證的各段相吻合一樣。

米別赫就此敎導我說：這些問題，卽關於租稅、國家債務、私人債務及信貸問題，加上公社自治問題——對於農民以及對於鄉村宣傳都極其重要。我對於這點是頗表同意的，但是（一）我們至今並沒有談到過農民和（二）蒲魯東對於這些問題的「解決」法也如他對於住宅問題的解決法一樣，在經濟學上是荒謬的，並且在實質上是資產階級的。米別赫暗示說我不承認必須把農民吸引入運動，對於這一點我無須出而辯護。但我畢竟認爲，企圖爲此目的而向農民推薦蒲魯東的臆造藥方，那是很愚蠢的。在德國還存在有很多大田莊。按照蒲魯東的理論，所有這些田產都應該分割成爲細小農戶財產，而這種辦法在現有的農業科學狀況下並且在已經有法國和德國西部施行零細土地所有制的經驗之後，乃是一種直接反動的辦法。相反，現在還存在着的大土地所有制正將供給我們以良好基礎來由組合工作者着手經營大規模的農業，只有在這種巨大規模下，才能應用一切現代輔助工具，機器等等，從而使小農明顯地看到基於組合原則的大規模經濟的優越性。在這方面比其他一切社會主義者都前進的丹麥社會主義者，早已認清這一點了。

至於責備我似乎把現代工人住宅的慘狀看作『沒有什麼意義的瑣事』，我也同樣無須爲自己辯護。據我所知，我在德國著作中是爲首第一人把這些慘狀就其在英國那樣典型發展了的形態描述過了的，而這並非如米別赫所說的那樣是因爲『它們損傷了我的法權感』，——誰要是想把一切損傷自己法權感的事情都寫成文章，那他就不勝勞碌了，——而是如我的書的序言中所指出的那樣，想藉描述現代大工業所造成的社會狀況來給當時剛發生的徒託空言的德國社會主義以事實的基礎。但是我的確絲毫不曾想到要解決所謂住宅問題，正如我並不想從事於解決那更爲重要的食物問題的細節一樣。我很滿意我能指出我們現代社會的生產足以使社會一切成員都吃得飽，而且有足夠的房屋使現在就有可能供給勞動羣衆以寬敞和合乎衛生的住所。至於將來的社會如何調整食品和住宅的分配，——這種憑空推論就是直接導入空想。從研究以前各種生產方式的基本條件出發，我們頂多只能斷定：隨着資本主義生產的傾覆，舊社會所特有的一定佔有形式就將成爲不可能的了。甚至過渡的措施也是到處都必須適應當前存在的關係；這些措施在小土地所有制的國家裏將與在大土地所有制的國家裏大不相同等等。人們在企圖單獨解決像住宅問題等等這樣的所謂實際問題時會得到什麼結果，米別赫本身的例子表明得最好不過了，他首先用了二十八頁的篇幅來詳細說明『解決住宅問題的全部內容包括在贖買這個名詞中』，而後來他逼得走投無路時，就開始迷亂地嘮叨：在實際佔有房屋時『勞動人民究竟將崇拜贖買辦法』或是其他某種剝奪方式，這其實還是很成問題的。

米別赫要我們講求實際些，要我們不『只是提出死板的抽象的公式來和現實的實際關係對立』；要我們『從抽象的社會主義，接近到一定的具體的社會關係』。如果米別赫自己這樣做了，那末他也許對於運動會有很大功勞的。要知道接近到一定的具體的社會關係的第一步就在於研究這些關係，考察它們的實際的經濟聯系。但我們在米別赫那裏看見的又是什麼呢？　我們在那裏看見有整整兩個論點，即：

(一)『住宅承租人對房主的關係，是完全和僱傭工人對資本家的關係一樣的』。

我在上面，在單行本第六頁[1]中，已經證明這意見全然不對，而米別赫則對此根本無言可駁…

(二)『那必須握着兩角加以制服的牡牛(在進行社會改良時)，就是自由主義政治經濟學學派方面所謂的資本的生產率，這個東西實際上並不存在，但它卻以其假想的存在來充當一切壓迫着現代社會的不平等現象的外幕』。

因此，那必須握着兩角加以制服的牡牛『實際上並不』存在，因而也就沒有『兩角』可握。全部禍害並不在於它本身，而是在於它的假想的存在。雖然如此，但『所謂的生產率（資本生產率）卻能神妙地在地面上建立起房屋和城市來』，而它們的存在絕不是『假想的』(第一二頁)。

一個雖然『也很知道』馬克思的資本論的人，卻竟如此絕頂混亂地亂談資本與勞動的關係，竟敢負責向德國工人指示新的更好的途徑，並且自命爲『至少大體明白將來社會結構的建築師』！

---

[1] 見本卷第五三八頁。——編者註。

39—1966

沒有人比馬克思在資本論中更加『接近到一定的具體的社會關係』了。他用了二十五年功夫來從各方面研究這些關係，而且他的批判工作的結果到處都包含有種種在現今一般可能的限度內的所謂解決辦法的萌芽。但是米別赫朋友認爲這還不夠。這一切都是抽象的社會主義，死板的抽象的公式。米別赫朋友不去研究『一定的具體的社會關係』，却滿足於閱讀蒲魯東的幾卷著作，這幾卷著作絲毫沒有告訴他一定的具體的社會關係，可是却給予了他消除百害的很確定具體的奇效藥方。米別赫於是把這個現成的社會救濟計劃，把這個蒲魯東體系奉送給德國工人，藉口說他想『拋棄體系』，而我則似乎『選定了相反的途徑』！要理解這點，我就必須假定：我是瞎子，米別赫是聾子，因而我們彼此根本講不通。

夠了。這場論戰卽令沒有任何其他的益處，無論如何總有一個好處：它表明了這些自命爲『實際的』社會主義者們的實踐究竟是怎樣一種情形。這些消除一切社會禍害的實際建議，這些社會萬應靈丹，無論何時何地都是那些在無產階級運動尙屬幼弱時出現的宗派創始人製造出來的。蒲魯東也是其中之一。無產階級的發展把這些襤褸扔在一邊，並在工人階級本身中培養出一種認識：再沒有什麼東西比這些預先虛構出來適用於一切場合的『實際解決法』更不切實際的了，相反，實際的社會主義是在於對資本主義生產方式各個方面的正確認識。對於具有這種認識的工人階級說來，無論何時都是不難在每個具體場合決定應該反對哪些社會機構，以及應該如何進行自己的主要打擊的。

弗·恩格斯在一八七二年六月至一八七三年二月寫就。初次刊印於一八七二年至一八七三年的人民國家報上。一八八七年由恩格斯校閱後刊印了第二版。

按照跟報紙原文校對過的一八八七年版本刊印。原本係德文。